LOTTOKÖNIG

WERNER BRUNI

LOTTOKÖNIG

EINMAL MILLIONÄR UND ZURÜCK

Rewriting: Markus Maeder

WÖRTERSEH

Markus Maeder, der Werner Brunis Texte und eine Reihe von Tonbandprotokollen zusammenfügte, hielt sich an Wortwahl und Duktus des Autors. Die berndeutschen Wendungen sprechen für den Boden, auf dem sich dieses Leben abspielt. Werner Bruni weiss, was er will. Da steht es. Schwarz auf weiss. Eine bunte Lebensgeschichte.

Lektorat: Andrea Leuthold, Zürich
Korrektorat: Claudia Bislin, Zürich
Umschlaggestaltung: Thomas Jarzina, Holzkirchen
Foto Umschlag: Marcel Studer, Zürich
Layout, Satz und herstellerische Betreuung:
Rolf Schöner, Buchherstellung, Aarau
Druck und Bindung: CPI books, Ulm

ISBN 978-3-03763-015-0

www.woerterseh.ch

«Arbeite weiter und gediegen.
Wers nicht fertigbringt, bleibt liegen.»
Arbeiterweisheit

Inhalt

Vorwort

Ein Sommerabend in Spiez: Werner Bruni und ich sitzen hoch über dem See, auf seinem Balkon, und er erzählt von den schönsten Momenten seines Lebens: wie er in Haiti – für ihn so etwas wie ein Herzensland – drei Kindern das Schulgeld bezahlt hatte, weil er so berührt war von der Armut auf der Karibikinsel. Das war das grösste Glück, das Bruni mit seinem Lottogewinn verbindet. Das sinnliche Wechselgeld des grossen Millionensegens: Haiti!

Wir reden über unseren gemeinsamen Ausflug auf die Lauchernalp, wo ihn plötzlich diese grosse Melancholie überfiel. Dort oben, sagt er, habe er realisiert, dass keiner den Bruni mehr braucht. Zumindest nicht zum «Werchen». «Jetzt kannst du dafür in den Bergen wandern gehen», sage ich. Bruni: «Und was soll ich da?»

Wenn er an einer Brunette zieht, zittert seine Hand ein wenig. Sonst ist er immer noch im Schuss. Sicher könnte er keine gusseisernen Radiatoren mehr in den vierten Stock hochtragen wie früher. Aber er ist sich selber auf unvorstellbare Art treu geblieben. Seine Treue zu Menschen, die er mag, habe ich selber erfahren. Aus der journalistischen Arbeit ist eine Freundschaft entstanden, die uns beide immer wieder berührt, wenn wir uns am Geburtstag telefonieren, der zufälligerweise auf den gleichen Tag fällt.

Kennen gelernt habe ich Werner und seine Frau als Reporter beim Schweizer Fernsehen. Und war von Anfang an fasziniert von dieser Geschichte, die ich, ein aufrechter Achtundsechziger, damals als eine Geschichte von Oben und Unten, von Gewinnern und Verlierern, von Recht und Gerechtigkeit verstand. Mein erster Dokumentarfilm hiess denn auch «Der König und sein Chef» und handelte vom ohnmächtigen Arbeiter Werner Bruni und seinem allmächtigen Chef Walter Hauenstein. Hauenstein und Bruni, das war gewissermassen die Berner Oberländer Version von «Herrn Puntila und seinem Knecht Matti», jener Parabel, in der Bertolt Brecht das Lied von Ausbeuter und Ausgebeuteten schrieb. Erst mit den Jahren merkte ich, dass die Dinge wohl etwas komplizierter lagen, als ich mir das damals vorgestellt hatte.

Im Jahre 2000, lange nachdem Werner Konkurs gegangen war, besuchte ich mit ihm seinen ehemaligen Arbeitgeber. Wir trafen Walter Hauenstein, der zeitweise der grösste Steuerzahler des Berner Oberlandes gewesen sein soll, in der relativen Isoliertheit seiner mondänen Villa am Thunersee, dort wo einst das Generalkonsulat von Monaco seinen Sitz gehabt hatte. Und als dieser Mann, den Werner so bewunderte, in seiner Anwesenheit darüber philosophierte, dass Bruni halt vielleicht «doch etwas weniger im Hirn» gehabt habe als er, da zuckte Bruni mit keiner Wimper. Erst als wir später in einem Gartenrestaurant sassen, erlaubte er sich die aggressivste Bemerkung, die ich je von ihm gehört hatte: «Es ist so schön beim Hauenstein Walter. Aber ich sage dir, es kann auch zu schön sein! Und noch eins», meinte Werner, «der mag noch so reich sein. Aber ich glaube, der geht vor mir.» Und so war es denn auch.

Werner hatte alles gewonnen und alles verloren. Doch wer nun denkt, es wäre dem Bruni Werner besser gegangen ohne diesen Lottogewinn, der hat sich vermutlich getäuscht. Zwar beklagt er sich gerne darüber, dass alle ihn kennen und dass er, der gescheiterte Lottomillionär, sozusagen zur lokalen Folklore gehört. Doch genauso ist es ihm wichtig, dass ein richtiges, ein «wahres» Bild von ihm bleibt.

Und so begann er sein Leben aufzuschreiben. «Meine Lebensabschnitte» stand über dem Bündel handgeschriebener Seiten, das er mir vor einiger Zeit anvertraute. Unter diesem schlichten Titel fand sich in ebenso einfacher wie vieldeutiger Prosa die Geschichte seines Lebens, das von Anfang an wenig Hoffnung gelassen hatte und in dem der Millionengewinn im Lotto auftauchte wie ein Betriebsunfall.

Werner Bruni hatte zwar die Herrschaft über seine Finanzen verloren, doch mit diesem Buch hat er die Kontrolle über die Erinnerung gewonnen. Und erzählt uns eine Sage über Aufstieg und Niedergang, Glück und Unglück, Unten und Oben.

Christoph Müller,
Redaktionsleiter DOK und Reporter, Schweizer Fernsehen

Ich, Bruni Werner

Was wohl meine Mutter gesagt hätte, wenn sie hätte erleben dürfen, dass ihr Jüngster einmal Lottokönig und Millionär wird? Einen Herzinfarkt hätte sie gekriegt. Die Arme. Hat ja selber nie nichts gehabt. Gar nichts hat sie gehabt und alles getan für mich, was sie konnte.

Gofen

Am 28. März 1936 um 10 Uhr 45 Min. kam ich in Heimberg bei Thun als siebtes und jüngstes Kind meiner Eltern zur Welt. So stehts im Geburtsschein. So wirds wohl sein. Wie meine jüngsten Jahre vergingen, weiss ich nicht mehr genau. Mein Vater war ein sehr guter Maurer-Vorarbeiter, aber das reichte trotzdem nicht, um eine neunköpfige Familie zu ernähren. Deshalb arbeitete meine Mutter in der Milchsiederei (in Stalden bei Konolfingen). Als die Firma drei Jahre später Personal abbaute, ging Mutter waschen und putzen bis nach Thun.

Von Kind auf wurde ich zum Krampfen erzogen. Herumhängen neben der Schule, das gab es nicht. Entweder arbeitete man bei einem Bauern oder als Ausläufer bei einem Bäcker oder Metzger. In die Sekundarschule? Das war ein grossgeschriebenes Wort. Das kam nicht in Frage für Arbeiterkinder. Das war für die Gemeindepräsidententochter und für den Polizistensohn im Nachbarhaus. Solche Leute waren etwas ganz Spezielles im Dorf. Hätten es wenigstens sein sollen.

Klar träumte man hie und da, man könne mal etwas Mehrbesseres werden, aber das waren verwerfliche Gedanken. Die Träume waren bald wieder fort. In einer reichen Familie wäre ich vielleicht Playboy geworden oder sonst irgendetwas. Aber so setzte man sich das Ziel, dass man etwa gleich wie die andern wurde. Dass man nicht auffällt.

Seit ich mich erinnern kann, hatten wir Schwierigkeiten mit der Gemeinde und den Behörden. Oder besser: Die Gemeinde machte uns Schwierigkeiten. Die Vaganten wollten die Familie auseinanderreissen. Die älteren sechs Kinder waren schon gross und fort, so lange ich mich zurückerinnere. Die konnten sie nicht mehr belangen.

Brüderchen und Schwesterchen

Meine älteste Schwester Alice (Jg. 23) war in Wimmis bei Notar Bichsel im Haushalt-Lehrjahr. Vreni (Jg. 24) lernte Weissnäherin in Yverdon. Sie heiratete und lebt mit der Familie heute noch dort. Hilda (Jg. 33) war bei einer Familie in einem Nachbardorf. Wo, weiss ich nicht, der Kontakt ging verloren, ich weiss nichts mehr von ihr, seit sie versuchten, die Familie auseinanderzureissen. Alice ruft ab und zu an. Sonst vernehme ich nicht viel.

Ernst (Jg. 25) lernte Maurer. Fritz (Jg. 31) wurde in die Heimenschwand verdingt. Auch Alfred (Jg. 28) wurde verdingt: hinauf auf die Lueg im Emmental. Wie er von dort davonlaufen konnte und den Weg ganz allein zurück nach Heimberg fand, ist uns allen ein Rätsel. Fragen kann ich ihn nicht mehr. Er ist gestorben. Genau wie Ernst und Fritz.

Mich wollten sie auch forträumen. Ich war noch so ein kleiner Knirps, ich konnte noch nicht laufen und mich nicht wehren, als sie kamen. Aber sie hatten nicht mit Frau Kissling gerechnet. Während dieser Zeit hütete mich Frau Kissling in der Au. Ihre Kinder Hans, Ernst, Rosi, Frida und Liseli waren schon grösser. Sie mochte Kinder gerne und schützte mich wie ein Adler. Sie sagte diesen Gemeindebrüdern: «Über diese Türschwelle kommt keiner von euch! Den Wernerli gebe ich euch nicht heraus.» Mehr als einmal schickte Frau Kissling sie mit Schimpf und Schande davon. Sonst hätten sie mich wer weiss wohin verfrachtet, wohl zu einem Bauern, zum Krampfen. Gut, später habe ich das dann sowieso gemacht.

Zu Hause war nicht alles goldig. Vater begann zu trinken, (nicht während der Arbeit, aber nachher), kam erst spät nach Hause, oder seine Kollegen vom Stammtisch brachten ihn heim. Wenn Mutter das Essen nicht sofort aufwärmte und auftischte, kam es zum handfesten Krach. Da flogen Gusspfannen, Geschirr wurde zerschlagen, und öfters konnte Mutter nicht zur Arbeit. Wegen den blauen Augen und wegen den Veilchen konnte sie nicht unter die Leute.

Als kleiner Knirps konnte ich ja nicht eingreifen. Auch vor mir hat Vater nicht haltgemacht, und so ein «Chlapf a Gring» war äusserst schmerzhaft. Schlussendlich wurde er bevormundet. Aber es wurde nur noch schlimmer.

Schulzeit

Dann begann meine Schulzeit in Heimberg. Mutter kam mit am ersten Schultag zu Frau Üeltschi, 1. Kl. Später hatte ich Frau Bienz, Herrn Reuscht Walter und Herrn Zobrist Ernst. Er wurde später der Vormund meines Vaters, bei ihm hatte ich es gut. Zur Lehrerschaft zählten noch Steiner Ferdinand, ein böser Brutalo: Er zog einem einen Haselstecken zwei-, dreimal übers Füdli, dass man kaum mehr hocken konnte. Sie teilten sich so auf, dass jeder anderthalb Klassen hatte. Und dann kam noch Oberlehrer Buchs. Das war auch ein Senkrechter. Bei dem konnte ich mich dann in der Achten und Neunten entfalten. Im Singen und Turnen hatte ich immer Sechser. Genau wie im technischen Zeichnen. Da war ich auch immer gut.

Das Geld, das mein Vater damals verdiente, wollte hinten und vorne nicht reichen. Und weil Krieg war rundum, kam noch die Rationierung dazu. Brotmärggeli, Fleischmärggeli. Für alles Mögliche brauchte es Märggeli. Die machten das Leben auch nicht einfacher. So musste ich dann abends und an Samstagen arbeiten gehen, zuerst in der Bäckerei Mosimann (Ausläufer), dann in der Bäckerei Christen (Ausläufer).

Vor dem Abendessen schickte mich meine Mutter in die Metzgerei Däppen. Da hiess es dann: «Ach, der Werner will auch noch etwas. Hesch Märggeli?» Ich hatte nie welche. Metzger Däppen drückte beide Augen zu und packte mir etwas ein, das ich nach Hause bringen konnte. Bald war ich bei Däppen Ausläufer. Das war im vierten, fünften Schuljahr. Sobald ich Velo fahren konnte. Aber selber ein Velo hatte ich ja nicht, sodass er mir seines gab. Aber bald einmal hatte ich es mit dem

Metzger verdorben. Ich stahl ihm einen Cervelat. Ich hatte Hunger gehabt.

Danach als Ausläufer bei Bäcker Christen war es nicht anders. Es gab die Fünfzehner-Weggli, die kleinen, und die Dreissiger-Weggli, die grossen. Ich dachte, die hat er nicht gezählt. Es waren zahllos viele für mich. Aber als ich zurückkam, knallte es. Er hatte sie sehr wohl gezählt. Ich sagte, wie schon beim Metzger: «Ich hatte Hunger.» Ingottesnamen. Er traf mich so hart am Grind! Dann ging ich nicht mehr zu ihm. Weder zu Christen noch zu Däppen, auch wenn beide nach mir riefen, der Bäcker und der Metzger.

Landfreuden

Bei den Tschanzens blieb ich dann umso länger und lieber. Tschanz Bärtel hatte mit seinem Bruder Fritz einen Bauernhof gerade am Schulweg. Oft konnte ich von der Schule eine Stunde früher nach Hause. Oder wir hatten frei, etwa wenn der Lehrer krank war, was selten genug vorkam. Wann immer möglich ging ich auf den Hof. Alles Mögliche musste ich machen – durfte ich machen. Bei Tschanz und seinem Bruder verweilte ich gern. Da war es gut.

Sie bastelten mir ein Velo aus der Schuttgrube zusammen, damit ich rascher in die Schule – und rascher zum Werken zurückfahren konnte. Dann hiess es: Es gibt nur fünf Veloständer. Nur für die Lehrerschaft. Du darfst das Velo nicht mehr nehmen. Ich nahm es trotzdem, versteckte es, etwas weg vom Schulhaus, um nach der Schule schneller ans Ziel zu kommen.

Fast jeden Abend war ich auf dem Hof. Hier hatte ich fast so etwas wie mein Zuhause. Zu tun gab es genug. Pflügen,

Eggen, Säen, Rüben verdünnern und nach dem Pflügen Steine auflesen. Abends gings in den Stall, ausmisten, Heu rüsten, grasen etc. Nachtessen bekam ich auf dem Hof. So wurde es 8 Uhr, bis ich nach Hause kam, und jeden Abend konnte ich etwas mit nach Hause nehmen: Kartoffeln, Rüben oder Kabis. Die Mutter war gottenfroh. So hatte sie immer etwas zum Kochen aus Tschanz' riesigem Garten. Kohlrabi, Kabisköpfe und Bohnen. Was gerade geerntet wurde, gab er mir mit. Und ich musste dann noch die Hausaufgaben machen. Es war eine strenge Zeit, aber ich lernte, was arbeiten heisst. Und was Armut bedeutet.

Seich machen

Mit umso mehr Vergnügen machte ich Seich. Hauptsächlich auf dem Schulweg mit dem Mühlemann Urs, dem Polizistensohn von nebenan. Der musste ingottesnamen nichts werken. War nur einfach Sohn und hatte reichlich Zeit, einen Streich auszuhecken. Das Verbotene reizte uns beide.

Zum Beispiel hatte er zwei Schleudergabeln. Eines Tages kam er: «Für 2 Fränkli kannst du eine haben.» Ich hatte keine 2 Fränkli. Ich hatte nicht einmal 1 Fränkli. Er liess sie mich abstottern. Für viermal einen Fünfziger. Am liebsten zielten wir auf Vögel. Wahrscheinlich sahen oder hörten sie den Stein kommen. Wir trafen immer daneben. Aber die Isolatoren unten bei der EBT (Emmental-Burgdorf-Thun-Bahn), die waren etwas grösser und flogen nicht weg. Sie trafen wir prima. Bei einem Treffer genau in die Mitte zersplitterten sie. Aber die Freude währte nicht lange. Bald kam man uns auf den Sprung. Polizei, Bahnhofvorstand, Bahnarbeiter machten Anzeige. Resultat: Urs und ich wurden gebüsst. 40 Franken musste jeder bezahlen. Vater durfte nichts wissen, sonst hätte es ein Heilandsdonnerwetter gegeben. Tschanz Bärtel war anders. Er freute sich heimlich über unsere Treffsicherheit und schoss mir das Geld für die Busse vor. Schliesslich macht jeder Bub, der ein rechter Mann werden will, einmal Seich. Dass ich die nächsten sechs Wochen ohne Lohn krampfen musste, war mir lieber als ein handschriftlicher Eintrag meines Vaters auf meinen Backen.

Aber ich musste etwas unternehmen, damit es wieder Geld gab. So fing ich an, Weinbergschnecken zu sammeln. Ich steckte sie mit etwas Gras in einen Jutesack. Jeden Freitag kam einer von Belp und holte sie ab. Er nahm fast alles. Lumpen, Knochen, Eisen und eben Schnecken. Er leerte alle auf ein Sieb und wartete eine Weile. Die, welche sich auf dem Sieb halten konnten, bezahlte er, die, welche herunterfielen, nahm er gleichwohl mit. War ein richtiger Hudilumper, ein Halsabschneider.

Ach, wir haben noch mehr Unfug getrieben. Viel Zeit dafür hatte ich nicht. Eine halbe Stunde, Stunde vielleicht, jeden Tag oder auch nur jede Woche einmal. Das musste reichen. Danach musste ich ansaugen. Sonst hiess es dann: «Wo bist du rumgebummelt?!»

Kribbel, krabbel

Damals gab es noch Maikäfer. Nach einem für uns undurchschaubaren Zyklus wurden sie jedes vierte Jahr im Mai zu einer Plage, und gegen die Plage gab es Kampagnen zu ihrer Bewältigung. Jede Familie musste ein paar Kessel beim Gemeindeweibel abliefern. Vor allem wir Kinder wurden auf Beutezüge in die Wälder geschickt. Am Morgen um fünf, bei der ersten Dämmerung, als die Tierchen noch in Klumpen an den Ästen schliefen, zogen wir mit alten Leintüchern und Milchkesseli den Bäumen entlang. Hasel waren besonders ergiebig. Wir breiteten die Leintücher aus, schüttelten herunter, was wir konnten, und schütteten die zappelige Masse in die Kessel, so schnell wie möglich, bevor die Käfer ganz wach waren und davonkrabbeln konnten. Für jeden Kessel gab es 10 Rappen.

Das brachte Urs auf die Idee, am Abend dem Weibel zwei Kessel zu klauen, um sie am Morgen wieder zu bringen. Aber das ging nur eine Woche lang gut – bis wir uns an falschen Kesseln vergriffen. Wir waren nicht schlau genug, zu merken, dass die Käfer schon im kochenden Wasser ausgebrüht waren. Am nächsten Morgen brachten wir die Kessel mitsamt den Käfern zurück, um unseren Lohn abzuholen. Da kamen sie uns auf die Schliche. Wir mussten das Geld zurückzahlen. Verdienen ist gut, aber zurückzahlen bringt nur Ärger. So weit, so gut, ein Engelein war ich nicht. Musste doch für jeden Blödsinn büssen. Den Gestank aus den kochenden Kesseln habe ich heute noch in der Nase, wenn ich daran denke.

Ähnlich wie das Maikäferlen lief auch das Tannzäpfeln, zu dem uns die Schule verknurrte. Mit den Tannzapfen heizten die Lehrer die Kanonenöfen in den Schulzimmern. Wir hatten zu sammeln, bis sich beim besten Willen keine mehr finden liessen. So begannen wir, Tannenzweiglein zu sammeln. Wir stopften unsere Säcke voll Chries und tarnten es mit ein paar wenigen Zapfen. Beim Schulhausabwart holten wir den Schlüssel, um den Sack auf den Estrich zu schleppen, wo man über ein Rölleli an einem Seil einen Korb runterlassen konnte und danach wieder hoch. Ein einfacher Flaschenzug war das. Ein Sack Tannzapfen brachte 1 Fränkli. Ein Sack Chries die ersten paar Mal genauso. Manchmal sogar zweimal und dreimal. Denn wenn niemand schaute, gingen wir runter, holten den Sack nochmals auf den Estrich und kassierten nochmals 1 Fränkli. Aber langfristig machten wir die Rechnung ohne den Schulhausabwart. Es fiel ihm bald auf, dass in der Vogeldieli zwischen Estrich und Dachabschluss mehr Chries als Tannzapfen waren.

Strafen

In der Schule und in der Gemeinde kamen unsere Streiche nicht besonders gut an. Vor allem mit den Leisten hatten wir immer wieder mal Stunk, der Mühlemann Urs und ich. Beide bekamen wir Briefe nach Hause, wir sollten zum Pfarrer.

Die Pfarrersfrau machte die Türe auf: «Aha, ihr zwei seids.» Wir gaben die Briefe ab. «Mein Mann kommt gleich», sagte sie. Er meinte: «Es ist wohl wieder die gleiche Stürmerei wie schon oft. Aber schaut da, Buben. Ich habe gerade ein Fuder Mist bekommen. Und hier sind zwei Garettli und Schaufeln. Damit könnt ihr den Mist in den Garten bringen.»

Wir waren Feuer und Flamme, brachten den Mist in den Garten, räumten alles zusammen, putzten sauber, was dreckig war, und bekamen einen tüchtigen Zvieri. Was in den Briefen stand, haben wir nie erfahren. Der Pfarrer hat sie wahrscheinlich ungeöffnet zerrissen. Benz Egger. Das war ein guter Pfarrer.

Die Lehrerschaft war manchmal ein Hohn. Im siebten Schuljahr hatten wir ein besonderes Ekel. Er hasste mich. Ich ihn auch. Wenn irgendetwas kaputtging, mussten der Mühlemann Ürsel oder der Bruni Werner, oder gleich beide, dafür gradstehen. Man musste zum Sandkasten gehen und bekam die üblichen zwei, drei mit dem Haselstecken über den Hintern gezogen, dass man kaum mehr hocken konnte am Pültli. Aber man musste sowieso stehen die nächste Stunde, draussen vor der Türe, im Gang. Auf der Treppe durfte man sitzen, wenn man noch konnte. Ich dachte, das macht keinen Sinn, weder da zu stehen noch zu hocken. Besser, ich mache mich dünn, bevor in der Pause eine Moralpredigt folgt. Also ging ich, zu Tschanz Bärtel, und erzählte es ihm: «Der Lehrer hat mir den Hintern versohlt und mich vor die Türe gesetzt.» «Hast recht gehabt, dass du gekommen bist», sagte Tschanz. Er war in der Schulkommission und musste es wissen: «Im Gang draussen lernst du nichts.»

Noch häufiger als eine Kur mit dem Haselstecken waren Strafaufgaben. Der Lehrer schrieb einen Satz ins Heft, den man hundertmal abschreiben musste. Diesmal hatte er mich zu einem besonders langen verknurrt. Ich sagte zu Tschanz: «Heute Abend kann ich nicht in den Stall. Ich habe eine grosse Strafaufgabe.» Er fragte: «Was für eine?» – «Ich muss hundertmal einen ganzen langen Satz schreiben.»

Tschanz runzelte die Brauen, zog seine Hosenträger lang und brummte: «Gib mir das Heft.» Er zog die Holzböden aus, ging in die gute Stube, zum Sekretär, las den Satz. Dann setzte er sein Nasenvelo auf, schrieb den Satz einmal und ergänzte: «Mal 100. Tschanz Albert.» Er gab mir das Heft zurück und meinte bloss: «Das gibst du morgen am Pültli ab.» Ich habe nie mehr einen Ton vernommen seither. Nie mehr eine Strafaufgabe bekommen.

Ein besseres Leben

Die Tschanzens hatten das Privileg, Leichen zu führen. Wenn jemand gestorben war, streifte der Gemeindeweibel mit einem Glöcklein durchs Dorf, um zur Leich zu bitten. Wo ihm jemand begegnete, hielt er an und nannte den Namen des Toten. Damit man zur Beerdigung kommt. Für das letzte Geleit hatte Tschanz einen schwarzen Rosswagen, offen nach allen Seiten. Er war mit Messing beschlagen und mit Sammet verhängt. Trauertage waren heitere Tage für mich. Jedes Mal durfte ich den Wagen für die Fahrt bereit machen. Im Spritzenhaus, wo die Feuerspritzen waren, war auch der Leichenwagen. Die Räder putzen, das schwarze Holz waschen und glänzend polieren, den Bock und das Geschirr bereit machen. Fritz Tschanz kam dann mit dem Ross, um die Leiche zu führen. Danach musste ich wieder ansaugen, um den Wagen wieder zu waschen und ins Spritzenhäuschen zu schieben. Die Erwachsenen gingen dann alle ins «Rössli», um noch einen zu heben. Ich brachte das Ross zurück in den Stall. Das waren Beschäftigungen, auf die ich saumässig stolz war damals.

Einmal wollte der Gemeindeweibel dem Tschanz meinetwegen frech vorbeikommen. Tschanz meinte nur: «Soll einmal einer so viel machen wie dieser Werner.» Der Weibel hasste mich. Er hasste mich einfach. Wehe, wenn er mich nachts ohne Licht mit dem Velo erwischte, das Tschanz für mich zusammengeschraubt hatte.

Ich hatte allen Grund, diesen Weibel zu fürchten. Zu gerne hätte er wie meinen Bruder nach wie vor auch mich verdingt. Dass es ihm nicht gelang, brannte ihn noch immer im Füdli.

Er mochte auch meinen Vater nicht. Mein Vater war leidenschaftlicher Schütze. Ein guter Schütze. Wenn er nach einem Sonntagsschiessen nicht nur mit einem Kranz am Hut heimkam, sondern auch noch mit einer Schnudernase, wenn er gesoffen hatte – das mochte ihm der Weibel gar nicht gönnen. Die Gemeindebrüder kamen einfach mit den Brunis nicht aus. Und die Brunis mit den Gemeindebrüdern grad auch nicht.

Tschanz Bärtel tat dann, was er konnte, damit ich nicht mehr so geplagt wurde von der Gemeinde. Heute bekämen die Brunis Fürsorge. Aber damals… Wenn das Geld vorwärts und rückwärts nicht reichte, war das manchmal so viel zu viel für meinen Vater, dass er sich in den Suff davonmachte.

Mämmeln

Vater hatte sich als Maurer auf Treppen spezialisiert. Er verschalte sie, betonierte sie und brachte jede Stufe genau waagrecht auf die richtige Höhe. Das konnte er wie kein Zweiter. Die Baugeschäfte rissen sich um ihn. Das gab hier einen Zehner mehr Lohn und dort noch eine Überstunde und woanders gleich nochmals ein paar. Aber das Krüppeln und Krampfen brachte ihn in die Krise.

Ich verstehe ihn gut. Du krampfst und krüppelst den ganzen Tag, mauerst Treppe um Treppe, Stufe für Stufe mit der Kraft deiner Muskeln – man konnte Treppen damals ja noch nicht wie heute mit dem Kran von oben herunterlassen. Im Mämmeln suchte er Rettung. Er ging nicht mehr jeden Tag auf die Büez. Die Baumeister kamen: «Komm doch wieder, Fritz.»

Je älter ich wurde, umso öfter kam er mit Öl am Hut heim. An solchen Tagen nahm ich mich vor ihm in Acht. Da konnte es knallen, dass ich wieder geheilt war von Unfug – und von Zärtlichkeit für meinen Vater. An seinen Maurerpfoten wusste man, was man hatte.

Wenn er seine Phasen hatte, war nichts mit ihm anzufangen. Das konnte ein Vierteljahr gut gehen, bis es auf seiner Treppe schliesslich Stufe für Stufe nur noch nach unten ging. So weit nach unten, dass er nicht mehr werken konnte. Aber mit dem Velo fort, das konnte er immer. Er hatte haufenweise Kollegen. Scheisskollegen hatte er. Die zahlten ihm, was er soff, bis er gebacken war. Meist kam dann ein Telefon, wir sollten den Bruni Fritz holen, er könne nicht mehr fahren. Das muss man erlebt haben. Es war ihm einfach verleidet.

Am Samstagmorgen ging er meistens noch werken bis Mittag. Aber dann, am Nachmittag, je nachdem, wie viel die Bauern zu tun hatten, sei es Heuen, sei es Ernten, ging er gerne aushelfen. Da sprang ein Sackgeldlein heraus. Ein Fünfliber war damals schon ein gewaltiges Geld. Genügend zum Saufen. Dafür hatte er immer genug. So war ich immer wieder froh, bei Tschanz eine Zuflucht zu haben.

Fahren

Bei Tschanz und seinen Rössern konnte ich den Alltag zu Hause und in der Schule vergessen. Am Samstag gings in die Rauchküche. Da wurden zwei Schweine geschlachtet und auf den Heimberghubel in die Räuchi gebracht. Frau Tschanz schrieb mir ein Zettelchen, damit ich Fleisch holen konnte. Ich spannte das Ross ins Bockswägeli und kutschierte mein Gespann quer durch den ganzen Heimberg zum Ziel. Ich glaubte weiss der Teufel, wer ich sei, so hoch auf dem Bock. Wenn ich mit dem Ross unterwegs war, habe ich mich kaum je beeilt. Ich präsentierte mich ein bisschen.

Auch auf dem Feld draussen gefiel es mir beim Fahren am besten. Mit dem Knollenbrett musste ich über die Erde. Das zerdrückte die Schollen. Nach einem Durchgang mit der Egge war dann das Feld schon ziemlich bereit. Zum Schluss ging ich mit der grossen Kippbänne Steine auflesen. Das Feld lag auf einer Moräne des Thunersees. Alles, was der Gletscher einst mitgebracht hatte, lag immer noch da. Vor allem Steine. So steinreich war kaum ein Feld eines anderen Bauern.

Ich durfte alles machen, was mit Rössern machbar war – bloss ans Säen liessen mich die beiden Tschanzen nicht heran. Der eine hatte den Säbalken, der andere führte die Rösser, ziemlich präzis. Nichts schlimmer, als wenn man die Furche für die Sämlein in einer Schlangenlinie zog. Noch während Fritz und Bärtel am Säen waren, begann ich mit der Trole die Samen einzudrücken. Wir hatten nur eine hölzerne Trole. Wenn der Boden feucht war, blieb er kleben und wurde aufgerollt wie ein Teppich. Bärtel sagte dann: «Geh zum Reusser Hans hinauf und frag, ob du seine Trole bekommst.» Er hatte eine eiserne. Das Ross nahm ich immer gleich mit. Ich wusste wohl, dass er nicht Nein sagen würde. Je nachdem trolte ich zwei, drei Bitze und brachte die Trole mit dem Ross zurück.

Einmal kam ich nur bis zum Bahnübergang. Es war ein unbewachter Übergang. Das Ross bockte. Machte keinen Wank mehr. Ich stieg vom Bock. «Komm jetzt, Fleur, komm.» Ich habe nie ein Ross geschlagen. Auch diesmal nicht. Aber auch Schlagen hätte jetzt nichts genützt. Es dauerte eine Weile, bis ich herausfand, warum: Vom Hof her roch es nach Rauch. Er war auch zu sehen. Bald schlugen die Flammen hoch. Das war mehr als ein Kartoffelfeuer. So konnten nur Holzhäuser brennen. Reussers Hof brannte. Fleur hatte es gerochen. Ich zog die Trole neben dem Bahnübergang aufs Feld hinaus, schirrte das Ross ab. Nun folgte es brav.

Reussers Hof war der erste – nein, der zweite grosse Brand, an den ich mich erinnere. Der erste war der Hof hinter uns, von Pfäffli Fritz, mitten im Winter, im tiefen Schnee. Pfäffli hatte einen Knecht, der im Tenn ein Feuerchen angezündet hatte. Er habe kalt gehabt. Alles brannte nieder. Der ganze Hof. Nach Reusser Housis verbrannte Aeschbacher Housis Hof. Alles grosse Höfe. Von Reusser Housis Hof sagte man nachher im Dorf, er habe zwischen seine beiden Rosse einen Bräme-Chessel an die Deichsel gehängt, voll Altöl und alten Jutesäcken, damit es so richtig mottete und rauchte in dem Kessel. Gegen die Kreuzbrämen. Wenn die zustachen, bluteten die Rösser, dass sie einem leidtun konnten. Von diesem Kessel aus sei das Feuer weitergesprungen. Ich dachte, sag nie mehr: du dummes Ross. Das war schlauer als ich. Hatte das Feuer vor mir bemerkt.

So gingen die Schuljahre dahin. Von Reusser Housi bekam ich gerade kürzlich wieder zu hören. Eine seiner Töchter, Vreni, war nach der Schule nach Neuseeland ausgewandert, um das Bauern zu lernen. Weg war sie, auf Nimmerwiedersehen – bis jetzt, vor etwa zwei Monaten. Da rief sie mich an. «Du kennst mich wohl sowieso nicht mehr», lachte sie ins Telefon. Sie hatte halb recht. Ich erinnerte mich wohl, aber wusste nicht einmal, wie sie jetzt heisst. Jedenfalls ist sie jetzt verheiratet mit einem Bauern im Eriz hinten. Die eine und die andere hat sich im Lauf der Zeit wieder gemeldet: Wir sollten uns mal treffen, auch wenn wir nicht in die gleiche Klasse gingen, das spiele doch keine Rolle. Meine Schulkolleginnen sind in Bern, zwei sind in Zug, und eine ist in Luzern. Gelegentlich habe ich noch Kontakt, nur telefonisch. Sie sind alle 74 und mögen nicht mehr, und ich bin auch 74 und mag auch nicht mehr.

Stündeler und andere Brüder und Schwestern

Auch mit meinen Geschwistern hatte ich im Grunde nie allzu oft Kontakt. Ein Spezialfall war mein Bruder Fritz, der als Erster verdingt worden war, bei einer Familie Oesch in Heimenschwand. Die Oeschens hatten ein kleines Bauernhaus, etwas Land, eine Kuh, ein Rind, eins bis zwei Schweine, als Selbstversorger, aber das reichte nicht weit. Zu viel zum Sterben, zu wenig zum Leben.

Anscheinend ging es Fritz ordentlich, aber «längi Zyt het är äuä scho gha». Trotzdem kam er selten zu uns, weil irgendeinmal wollte er nicht mehr zurück. So ging er in Heimenschwand zur Schule, und je weniger er uns sah, desto besser ergab er sich seinem Schicksal.

Als Fritz aus der Schule kam – ehrlich, ich weiss nicht, ob er konfirmiert wurde, denn die Oeschens waren «stinkfromm», sie gehörten dem Evangelischen Brüderverein an. Bei Brenzikofen hatten sie ein sogenanntes Ausbildungszentrum, da wurden die Jungen abgerichtet («Taufe», zweite Konfirmation). Auch ich wurde einmal von der Sonntagsschule aus in dieses Wydibüel geschickt, um beten zu lernen und weiss der Teufel noch was. Aber das hat mich nicht interessiert.

Dass ich in die fromme Sonntagsschule ging und nicht in die reformierte, lag an der Länge des Wegs. Die reformierte war zuhinterst in Heimberg, die vom Brüderverein fast im Nachbarhaus, bei Schreiner Bärtschi und seiner Frau. Sie hatten vierzehn Gofen, das war so Mode, weitherum bei diesen Stündelern. Dabei ist Heimberg bis heute gar kein Stündelerdorf. Das Kandertal aufwärts ists dann schon nicht mehr schön. Frutigen, Adelboden. Je weiter hinauf, umso verdrehter sind sie. Verdrehter als ein Sack Geissenhörner. Vater nahm das nicht so ernst. Er meinte: «Bei diesen Brüdern bist du am Sonntag schon recht aufgehoben. Die haben die gleiche Bibel und erzählen den gleichen Schmerz.»

Bekehrung

Schreiner Bärtschi fragte uns einmal, ob wir – zwei Werner und ein Heinz – mit ihm in die Ferien wollten. Mein Vater sagte: «Das tut euch gut.» Er brachte uns ins Ferienheim des Brüdervereins in der Achseten oben. Zwischen Frutigen und Adelboden. Am Morgen musste man in die Andacht, nach dem Zmorgen in die Bibelstunde. Am Nachmittag hatten wir frei und gingen tschutten. Zu unserer dritt: Schenk Werner, Aebersold Heinz und ich. Alle anderen hatten biblische Namen: Matthäus, Markus, Lukas… Da stüpfte mich so ein Lukaslein in die Beine. Ich schimpfte: «Wart nur, du Heilandsdonner, ich stüpf dich dann auch in den Ranzen.»

Der Leiter hörts – «Du hast unseren Herrn und Heiland verflucht» – und nimmt mich gerade zurück in die Hütte. Hinter einem Holztürchen gabs Bohnenstangen, den Wedelebock, den Saatbock und anderes Bauerngerät. Dort steckte mich der Leiter hinein, den ganzen Tag, und schloss hinter mir zu bis über die Nacht.

Die ganze Nacht war das ein Geläuf. Ich hörte reden, beten, jammern und klagen. Sie sangen im Chor, und mittendrin stand Bruder Gilgian, alias Schreiner Bärtschi, und bekehrte die Kinder. Es war ein Rauf und Runter, immer zu zweit und dritt gingen sie hin. Die ganze Nacht… bis zu mir und zu Heinz und zum anderen Werner. Wir hatten vor Schreiner Bärtschi zu knien, aber ich blieb stehen und sagte: «Putz dich weg, sonst schmeiss ich dir einen Schuh an den Grind.» Er tat mir fast leid, denn sonst waren die Bärtschis gäbige Leute. Ich ging bei ihnen ein und aus. Sie schenkten uns Hobelspäne aus der Werkstatt, damit wir den Herd in der Küche anfeuern konnten.

So liessen sie uns drei in Ruhe. Die nächsten Kinder waren schon an der Reihe. Am Morgen mussten wir zum Priester. Er fragte, warum wir nicht zur Andacht gekommen seien. Ich sagte: «So ein Saulärm die ganze Nacht. Ich konnte nicht schlafen. Was hattet Ihr da für ein Gstürm?» – «Bekehrung.» – «Das könnt Ihr vergessen. Ich bin schon lange bekehrt.» – «Ja, hat Bruder Gilgian das gemacht?» – «Nein, der Pfarrer Egger Benz in der Kirche in Heimberg. Am 6. April 1952. Er goss mir Wasser über den Grind. Von Eurem Bekehren brauche ich nichts.»

Der Priester sagte kein Wort mehr und schaute mich nur noch mit dem Füdli an. Die Bergluft hat mir trotzdem gutgetan. Als wir am Ende vom Heim Abschied nahmen, wir beiden Wernlen und der Heinz, sagte uns niemand Adieu. Ach, wie oft hatten wir zur Strafe das Geschirr für alle abwaschen müssen.

Mehr von Fritz

Fritz blieb zeitlebens in der Heimenschwand. Die Oeschens, die alten Leutchen, hatten noch zu Lebzeiten eine Frau gefunden für Fritz: aus dem Adelboden und natürlich aus dem frommen Bereich. Das ist logisch. Anni war eine sehr gute Frau, die anpacken konnte, und hatte das «Gehöft» – wenn man das so nennen durfte – mit Fritzens Handfertigkeiten einigermassen wohnbar gemacht. Von den Kindern ist jedes etwas geworden.

Bald waren auch die evangelischen Brüder wieder hinter mir her, ich solle doch am Sonntagnachmittag in die Stunde kommen. Sie hatten an der Bernstrasse in Steffisburg ein Vereinshaus – bekannt als Ochsenscheune: eine mächtige, alte Scheune mit schwerem Dach. Sie kamen von weit her, von Adelboden, Lauterbrunnen, aber ich hatte nach der Achseten reichlich genug – und dann noch ausgerechnet am Sonntagnachmittag, meinem einzigen freien Nachmittag. Nein, sagte ich mir, vom Stündelen habe ich nichts. Den Neger füttern mit meinem sauer verdienten Geld? Der nickt auch, wenn man einen Hosenknopf oder eine Unterlagsscheibe einwirft.

Viel lieber als in die Ochsenscheune ging ich nach Thun. Im Kino Apollo liefen immer Westernfilme. Der Eintritt kostete 95 Rappen. Das Apollo (genannt Pölu) war bekannt als Revolverküche. Gut so. Mir war ein Westernfilm lieber als ein Liebesgedusel und als die Frömmelei sowieso. Das Apollo war nur so ein Schlauch, in der Mitte der Gang und links und rechts je vier Sitze – wir Junge immer zuvorderst in der Stierkämpfer-Loge. Zwei Stunden dauerte der Film, dann hatten wir Genickstarre. Dafür hats geknallt.

So hatte ich wenigstens etwas erlebt an meinem freien Nachmittag, ohne zu singen und zu beten. Seither hatte ich Ruhe. Sie drängten mich auch nicht mehr. Denn jeder Mensch hat einen Glauben, aber er darf nicht aufgezwängt werden.

Manche Leute sind verrückt nach dem Glauben. Ich renne ihm nicht hinterher. Ich gehe nicht in die Kirche. Ich hatte 65 000 Franken Kirchensteuer zahlen müssen. Vom Lottogewinn. Alle kamen mich melken. Die Katholischen auch, und natürlich die Reformierten. Mit Frömmigkeit muss man mir nicht mehr kommen.

Seit Fritz und Anni das begriffen hatten, krampfte ich ein paarmal für die beiden, später, als San.-Installateur. Sie hatten ja ihr ganzes Wasser noch von einem Sodbrunnen im Freien, unter Heimatschutz, aber praktisch war er nicht. In einem Sodbrunnen kann man nicht einfach das Wasser abstellen. Er läuft einfach. Ich sagte: «Wollt ihr kein fliessendes Wasser im Haus?» Sie wollten wohl, und ich konnte es richten. 30 Meter tief musste ich in den Schacht hinunter, ins Loch. Ja, ich habe manches gemacht. Eins ergab das andere. Ein Badezimmer habe ich ihnen auch eingerichtet. Da unten, in dem alten Häuschen.

Mit der Zeit ging es Fritz und Anni gar nicht mehr so schlecht. Dem Bund konnten sie etwas Land verkaufen für eine Radarstation der Kaserne Jassbach. Dort war Fritz auch Abwart. Einmal kam er über Mittag mit dem Lastwagen nach Hause. Er wollte am Nachmittag in der Genossenschaft Stroh ferggen, um den Rekruten ein Lager zu machen. Weil es noch zu früh war, sagte er, er lege sich für ein paar Minuten hin. Er ist nicht mehr erwacht. Man konnte ihn nicht mehr wecken.

Ich kaufte für alle Geschwister und Angehörigen drei Röslein für sein Grab. Aber nicht im Blumengeschäft. Die Verkäuferin sagte, geh doch in die Migros. Dort sind sie billiger. Für 5 Franken gabs eine Buschele. Mehr als 20 Franken habe ich nie ausgegeben. Mehr lohnt sich ja nicht. In ein paar Tagen ist alles im Ghüder. Aber die Leute wussten auch weniger zu schätzen. Als letzten Gruss. Ausser mir, dem Werner, hat das in unserer Familie niemand gemacht.

An der Beerdigung war das ein Beten und Reden, für einen so frommen Mann. In die Kirchgemeinde war er automatisch auch noch gerutscht. Erst schwatzte der Pfarrer, danach ein Prediger von Zürich und ein Prediger weiss der Teufel woher, und dann noch einer. Ich stupfte meinen Bruder Ernst an:

«Das stinkt mir, und nachher gibts bloss Bläterliwasser zum Trinken. Ich gehe mal supponiert eine rauchen.» Sagte Ernst: «Werner, ich komme auch gleich.»

Den andern sagten wir, wir müssten schiffen, und machten uns dünn. Ich meinte: «Lass uns in die Beiz runtergehen.» Der Predigtraum war gestopft voll mit Leuten. Als wir zurückkamen, hatte es sich schon herumgesprochen: Erst gingen sie eine rauchen, dann eins saufen. Ich meinte zu einer: «Wollt Ihr es mir zurückzahlen, das Bier? Für die Zigaretten kann ich selber aufkommen.» Sie verdrehte die Augen.

Ausgerechnet der fromme Fritz. Er musste als Erster gehen von uns allen sieben. Das gibt mir manchmal Rätsel auf. Aber er blieb nicht der Einzige. Ernst habe ich nach dieser Beerdigung nie mehr lebendig gesehen. Wie Alfred war auch er nach Basel gezogen. Dort verdienten beide auf dem Bau mehr als im Berner Oberland. Auch ich blieb nicht immer in Heimberg.

Welschland

Knapp drei Wochen nach der Konfirmation musste ich ins Welschland. Am 25. April 1952. Ich war gerade sechzehn. Ab mit dir, hiess es: Du musst fremdes Brot essen lernen. Alice begleitete mich nach Concise am Neuenburgersee. Mit ihren bald dreissig und ihrem Erfolg im Beruf war sie eine sehr grosse Schwester für mich. Während der Bahnfahrt lehrte sie mich Ja und Nein auf Französisch, also «oui et non», sowie «Madame et Monsieur». In der Schule hatten wir kein Französisch gehabt.

In Concise angekommen: Bäckerei Roth-Bovet stand auf dem grossen Schild am Haus. Das waren komische Vögel in der Familie Roth-Bovet. Beim ersten Zvieri merkte ich, dass sie berndeutsch parlierten. Dann ein Rundgang durch die Bäckerei, Zimmerbezug. Gleich darauf wurde ich über den Tagesablauf informiert. Tagwache 5 Uhr, samstags 3 Uhr. Backstube bis 10 Uhr, mich umziehen für den ersten Brotkehr. Den machte ich mit dem Velo. Für den zweiten Brotkehr hatte ich zu wenig Platz in der Hutte und brauchte den Anhänger. Dann zurück in die Backstube, bis sie fertig waren.

In der ersten Woche kam mein Vorgänger mit mir. Er fuchste mich ein – und machte mir klar, dass nicht alles Gold ist, was glänzt. Ich bekam 55 Fränkli Lohn im Monat. Die andern in den Geschäften und bei den Bauern rundum hatten alle mindestens 85 Franken. Am Mittwoch- und am Samstagnachmittag hatten sie frei.

Eine Woche nach mir kam noch eine Deutschschweizerin aus Aarberg zu uns. Sie kochte, putzte, half im Laden und bereitete das Morgenessen für die zwei Gofen, die zur Schule gingen. Ich musste Holz spalten für die Holzöfen, Teig abwägen, unter dauernder Kontrolle, und immer wieder Holz nachlegen. Er, Roth, der Chef, konnte von der Backstube aus eine Klingel in meinem Zimmer läuten lassen. Wenn er klingeln musste, was selten vorkam, war er nicht mehr gut aufgelegt. Es gab einen richtigen Zusammenschiss, Lautstärke sieben, oder er sagte nichts und schlug mir eins an den Grind.

Zwischendurch, schon um 6 Uhr 30, musste ich drei Wirtschaften beliefern. Mit Gipfeli, Weggli und Brot. Zuerst das «Bahnhöfli» und den «Adler», dann die «Krone». Wieder zu Hause, gab es Zmorgen. Ein ofenwarmes Weggli und einen halben Weissen. Auf den nüchternen Ranzen. Ehrlich, das erste Mal war ich besoffen, musste kotzen, habe ja vorher noch nie Wein getrunken. Jedenfalls nicht auf nüchternen Magen und in einer heissen Backstube.

Endlich 10 Uhr, vor dem ersten Brotkehr, bekam ich noch ein Stück Brot auf den Weg. Hutte packen, und los gings. Die ersten Kunden musste ich zu Fuss bedienen und das Velo stossen. Die Hutte war so schwer, dass sie mich aus dem Gleichgewicht gebracht hätte. 11 Uhr 15 wieder zurück. Zweiter Brotkehr, aber ohne Velo. Der Anhänger war so schwer, dass ich ihn schieben musste. Concise war so stotzig.

12 Uhr 45 Brotkehr fertig. Endlich Mittagessen. Die Deutschschweizerin wärmte auf für uns, was noch übrig war von den andern. Ein mieser Frass. Daran hatte ich mich bald einmal gewöhnt. Ich kannte nichts anderes. Pause bis 14 Uhr. Sie und er gönnten sich ein Mittagschläfchen, aber sie hörten trotzdem alles.

Ab 14 Uhr hiess es Holz spalten: 50 Zentimeter lange Spälten, viermal einen vierrädrigen Wagen voll. Dann um 18 Uhr Schweine mit Kartoffeln, Rüben und Küchenabfällen füttern, Backstube putzen, unter Kontrolle, anschliessend Hebeln: Hefe und Wasser im Rührwerk anrühren. Schliesslich gab es Znacht und Feierabend. Um 22 Uhr musste ich im Zimmer sein.

Im Grossen und Ganzen wurde ich schlecht behandelt, und das für lumpige 55 Franken im Monat. Dass die andern Deutschschweizer im Dorf am Mittwochnachmittag Ausgang hatten, wurmte mich am meisten. So konnte ich nur am Sonntagnachmittag mit ihnen zusammen sein.

In mir sammelte sich Widerwille und Wut gegen die Alten. Ich wurde wortkarg und unaufmerksam. Das führte dazu, dass ich Fehler machte. Einmal bestellte eine Kundin auf Sonntag um 11 Uhr zwölf Vol-au-vent. Erstens wusste ich nicht, was das war, und zweitens konnte ich das, was ich aufgeschrieben hatte, nicht mehr lesen. So brachte ich ihr einen zwölffränkigen Butterzopf. Ich musste ihn auf einem Laden bringen, so gross war er. Zopf statt Pastetli. So was. Aber der Sohn konnte Deutsch. Über ihn konnten wir uns arrangieren, sodass mein Alter nichts merkte. Er hätte mich halb tot geprügelt.

Abhauen

Unser Nachbardorf hiess Corcelle. Dort war am Samstagabend das Jahresfest. Wir Junge gingen alle hin, aber ich hatte um 22 Uhr abends wieder auf meinem Zimmer zu sein. Ich kam erst um 24 Uhr. Musste klingeln. Einen Schlüssel hatte ich nie bekommen. Zum Öffnen kam sie herunter und panierte mir eins. Dann folgte der Alte im Pyjama. Am Morgen klingelte er weiss der Teufel wie früh in mein Zimmer. Er sagte: Kannst dich umziehen. Gehst die Schweine misten. Ich wurde so wütend. Wohl oder übel musste ich gehen. Ich schmetterte das Gartentor zu. Es hing an einem Häklein fest – und sprang wieder auf. Die Schweine rannten sofort hinaus, das eine Richtung Bahnhof, das andere an der Kirche vorbei Richtung See. Aber das hatte sein Gutes. Der Pfarrer und Kirchgänger halfen mir, die Viecher wieder zurück durchs Gatter zu treiben.

Am Montag musste ich statt Holz spalten zum Pfarrer. Am andern Tag kreuzte der Pfarrer beim Alten auf. Zuvor hatte der Polizist schon das Gleiche getan. Sie drohten ihm, er bekomme keine Deutschschweizer mehr. Es sei eine Ausnützerei. Danach verbesserte sich manches. Ich bekam anständigen alkoholfreien Zmorgen und am Mittwochnachmittag frei. Ich fuhr mit den andern an den See, um etwas zu trinken, aber nachmittags um fünf musste ich trotzdem zurück sein, um die Hefe vorzurüsten für den folgenden Morgen und Holz hineinzuferggen. Ich hatte nicht viel Schönes dort. Immer dieses

Dreinschlagen. Das mochte ich nicht leiden, immer wieder «e Chlapf a Gring».

Ich weiss auch nicht, warum ich es immer wieder unglücklich traf. Mit diesem Roth-Bovet, mit weiteren Arbeitgebern genauso und mit der ersten Frau, mit der zweiten Frau, mit dem Lottogewinn … Was habe ich falsch gemacht? Ich habe mir immer Mühe gegeben. Warum wurde ich immer wieder gerühmt? Andern konnte man einfach nichts gut machen. Aber man konnte mich immer und überall gebrauchen. Für allen Mist, für jede Büez. Nichts war mir zu streng, nichts zu dreckig.

Im Fischermätteli

Noch während dem Welschlandjahr, in der zweiten Hälfte Dezember, erreichte uns durchs Radio die Botschaft aus Heimberg. Vermisst wird Bruni Fritz, wohnhaft in Heimberg, Kanton Bern. Signalement … Das konnte nur unser Vater sein. Ich durfte vier Tage nach Hause, aber während der ganzen Weihnacht zeigte sich vom Vater keine Spur. Nur das Velo wurde gefunden. Demoliert in einem Gestrüpp am Aarebord.

In der gleichen Woche hatte ich ein Vorstellungsgespräch in der Fa. Arnold Baumann AG, Heizung/Sanitär in Thun. Es lief gut. Ich bekam das Okay für eine Lehre als Sanitärstift. Im Frühjahr sollte ich anfangen.

Dann, Ende Januar, wurde Vater gefunden. In Bern im Fischermätteli in der Aare. Unkenntlich nach fast fünf Wochen im eiskalten Fluss. Ich bekam nochmals drei Tage frei und musste mit Mutter und Geschwistern ins Gerichtsmedizinische. Er war voll Wasser. Mit seinen Verletzungen konnten wir ihn nicht mehr erkennen. Den einzigen Hinweis gab sein Armeesackmesser. Eindeutig war auch das nicht. Die braune Bakelit-Umschalung hatte sich gelöst, doch ein eingeritztes B. bestätigte unsere Vermutung. Jemand anders mit dem Anfangsbuchstaben B im Namen wurde laut Polizei nicht vermisst. Über die Untersuchungen, über das demolierte Velo und über den Hergang des Geschehens wurden wir nie informiert. Nur: «Tod durch Ertrinken».

Überall in Heimberg wurde darüber getuschelt. In der Bäckerei Christen, in der Bäckerei Mosimann, an der Bushaltestelle und schliesslich bei Metzger Däppen. Ich wartete hinten, bis ich an die Reihe kam, als eine mehrbessere Heimbergerin sagte: «Man sah es ja kommen, er war wieder mal voll und fiel in die Aare oder sprang sogar selber hinein.» Sie sagte es so laut, dass jedermann im Laden es hören musste. Das machte mich so staubig – ich traf sie am Kopf. Seither hütete ich mich, mich bei Däppen oder sonst wo in Heimberg im Laden blicken zu lassen. Aber alle Achtung vor Frau Däppen. Sie gab uns durch die Hintertür Fleisch. Wie eh und je ohne Märggeli. Es wurde noch lange weitergetuschelt. Vom Nachsagen lernt man lügen, heisst es. Und wenn lang genug getuschelt wird, darf man gar nichts mehr glauben.

Zur Beerdigung machte nun ein anderer Bub Tschanzens Ross und Wagen zum Leichenführen bereit. Zum ersten Mal, seit ich mich erinnern mag, war am Grab die ganze Familie vereint. Der Halbbruder meines Vaters, meine Brüder und Schwestern. Noch gleichentags fuhr ich zurück nach Concise, um das Welschlandjahr in der Bäckerei Roth-Bovet abzuschliessen. Das Leben – mein Leben, unser Leben – musste ja irgendwie weitergehen.

Deshalb suchten meine Brüder Ernst und Alfred eine neue Wohnung für sich, für Mutter und mich. Bloss weg von Heimberg. Da konnten und wollten wir nicht bleiben. Das Gerede und die Intrigen hätten uns den Rest gegeben. Bald waren wir fündig geworden: im Schwäbis bei Thun. Dort arbeiteten Alfred und Ernst, bevor sie nach Basel gingen – und meine Mutter und ich waren froh um den Unterschlupf. So hatten auch wir es näher zur Arbeit.

Noch ein Welschlandjahr

Auf die Lehre in der Fa. Arnold Baumann AG, Heizung/Sanitär in Thun, hatte ich mich vergeblich gefreut. Die hatten mich vergessen und vertrösteten mich aufs nächste Jahr. Es sei keine Lehrstelle mehr frei. Ich war total frustriert. Was sollte ich tun? Wohl oder übel entschloss ich mich, nochmals ins Welsche zu gehen. Meine Schwester Vreni wusste eine Stelle in Yverdon. Vreni leitete alles in die Wege, und zehn Tage später fing ich an: noch einmal in einer Bäckerei. Boillet, Rue du Four in Yverdon.

Endlich wurde ich als Mensch behandelt. Hatte 80 Franken Lohn, musste erst um 6 Uhr beginnen und konnte gleich mit Ausliefern anfangen. Bahnhofbuffet und zwölf weitere Wirtschaften. Dann Morgenessen, anschliessend ausliefern: viermal eine Tour. Eine bis Les Tuileries. Am Nachmittag machte ich dies und das. Abwaschen, Backstube putzen. Solche Dinge. Weil in der gleichen Backstube ein Lehrling angestellt war, kam ich nicht gross zum Einsatz. Ich durfte ihn nicht in seinem Lernprogramm stören. Um seine Prüfung zu bestehen, musste er ja alles selber erfahren. Am Mittwochnachmittag wurde ich in den Französischkurs geschickt. Aber meistens gingen wir turnen oder spielten Fussball. Was ich in Concise zu viel arbeiten musste, durfte ich in Yverdon zu wenig. Also stellte ich mich für Sonderbestellungen zur Verfügung. So machte ich den Garten hinter dem Haus. Womit auch das zweite Welschlandjahr zu Ende ging.

Handlanger und fast Küchenchef

Am 15. März 1954 meldete ich mich wieder bei der Fa. Baumann AG in Thun. Aber nichts gewesen. Man sagte mir, eine Sanitärlehrstelle sei keine frei, aber ich dürfe bei ihnen bleiben. Ich müsse ja irgendwie Geld verdienen. Das stimmte. Damals hatten wir Grossmutter bereits bei uns. Woher Baumanns das wussten, weiss ich nicht. Jedenfalls boten sie mir die Lehre zum Handlangerlohn an. Sie brauchten eben einen Handlanger und nicht einen Sanitär. Sie boten mir 1 Franken 60 pro Stunde. Hatte ich eine Wahl? Das Geld wurde rar. Grossmutter musste bald eine Woche ins Spital. Wie sollten wir das bezahlen – auch wenn Mutter immer noch waschen und putzen ging, soweit sie noch konnte. Neben aller Arbeit für die Grossmutter.

So wurde ich, was ich nie wollte. Handlanger. «Gib mr, häb mr…» In einem Grossbetrieb. Mal Schlosserei, mal Spenglerei, mal Heizung, mal Sanitär, mal in die Filiale Bern, dann wieder einmal eine Tankhalle. Aber am Samstagnachmittag die Werkstatt aufräumen, das durfte ich mit den Lehrlingen.

Inzwischen hatten wir schon 1956, und ich war zwanzig Jahre alt. Zeit für die Rekrutenschule. Eingeteilt war ich ja schon, Gebirgsfüsilier Infanterie. Also eine Bergente bei den 36ern. Wie alle rundum. Wenn die Gebirgsfüsel WK hatten, war die Gegend um Thun wie ausgeräumt. Kein Mann mehr auf der Strasse.

Die Frühlings-RS musste ich verschieben, weil wir bei Baumann in Pully bei Lausanne zu zweit eine Villa umbauten. Übrigens unweit von General Guisans Haus. Bald lernte ich unseren grossen General des Zweiten Weltkriegs persönlich kennen: Die Villa lag in der Nähe seines Gartenparks mit den Pferdeweiden.

Die RS zu verschieben, war nicht schwierig gewesen. Baumann Hans, mein Chef, war Kavallerie-Oberst. Seine Begründung: Erlernen der französischen Sprache. So machte ich halt die Sommer-RS, die ich gut überstand. Ich war sehr gut auf dem Damm damals, und fit wie eine Gämse.

Kavallerie-Oberst Baumann Hans wollte unbedingt, dass ich weitermache. Unteroffiziersschule etc. Ich war ausgehoben als Küchenchef. Unserer sechs mussten wir zum Major. Vertrauliches Gespräch. Er beizte mir eine Reihe verstellter Waffen hin. Zum Beispiel ein LMG. Ein leichtes Maschinengewehr, dem der Schlagbolzen fehlte. Ich war ja LMG-Schütze, hatte die Krüppelhunde durch eine ganze RS getragen. Natürlich sah ich sofort, was fehlte. Dann kam eine Übungshandgranate ohne Perle drin. Solche Dinge.

Da sagte der Major: «Ich bin stolz auf dich.» Ich gab zurück: «Ich auf mich auch, dass ich da ausgewählt bin.» Er: «Das ist ein vertrauliches Gespräch, also, was hast du auf dem Herzen?» Ich: «Erstens habe ich eine Grossmutter und eine Mutter zu Hause. Da kann ich nicht ewig im Dienst sein. Und finanziell muss ich mir den Zins leisten können. Wenn Sie, Herr Major, mir da unter die Arme greifen könnten…»

Am nächsten Morgen rückte ich wieder aus wie alle andern. Von wegen Küchenchef habe ich nie nichts mehr gehört.

Hochgebirgler

Vor einigen Offizieren hatte ich immer Respekt. Vor dem General beispielsweise. Andere sind Schnuderbuben. Nur befehlen, aber nichts vormachen, das ist nicht meine Art. Manch einen provozierte ich: «Wenn du nicht mehr magst, ich mag noch.» Ja, damals war ich noch fit. Zum Glück. LMG-Träger und Vollpackung vom Schwarzsee bis zuhinterst in den Hasliberg tragen und zwischendrin noch etwas kriegerlen, damit es hinterher auch noch viel zu putzen gab: Das war eine Abhärterei, man hätte keinen geraden Schuss mehr abgeben können, so kaputt war man. Da konnte man an allen Orten schlafen. Am liebsten auf einem Haufen Steinen, damit man einen wegnehmen konnte, wo es wehtat.

Im Hochgebirge hatte ich das gelernt. Am Finsteraarhorn oben. Lauter Brigadiers und Obersten waren da, dazu ein einziger Wachtmeister, der nicht im Offiziersrang war. Und ich als gewöhnlicher Tätel. Der Oberst, der uns anführte, sagte: «Wir haben ein neues Gesicht unter uns. Er ist Gebirgsfüsilier, hat noch keine Ränge – nicht wahr, man hat dich überschnuret. Hier sind wir per Du.» Er sei der Samuel.

Am dritten Tag hiess es, von diesem Tobel aus ins andere abseilen. Mit der Seilbremse. Ich sagte zu Samuel: «Das ist nicht mein Fall.» «Hast du Angst?», machte er. «Nein, ich sehe, dass alles gut gesichert ist, aber als Erster gehe ich nicht. Das Versuchskaninchen soll ein anderer spielen.»

Da ging ein anderer zuerst. Dann fragte der Oberst: «Und jetzt, hast du den Mumm?» – «Ja, sicher, auf jeden Fall.»

Ich stieg ins Höschen, er gab mir einen Mupf, ich sauste los –

und bremste zu stark vor dem Ziel. An der Sicherheitsleine zogen sie mich hinüber. Am Abend meinte der Oberst: «Ja, ja, Werner, für dich ist der Dienst gelaufen. Schau, dass du noch schön braun wirst.»

Von da weg machten wir nichts Grosses mehr. Noch etwas Theorie. Der Oberst war Bergführer und hatte Hochgebirgsabzeichen noch und noch an der Brust. Ich fühlte mich wie nichts neben ihm. Aber wir hatten es herrlich. Wir jassten und tranken. Soffen wie die Kühe. Die Herren Offiziere. Ich hätte fast lieber ein Bier gehabt. Konnte nicht Roten löten, bis er fast aus den Ohren rauskam. Vor morgens um acht hatten wir nie Tagwacht. Und vor neun gingen wir nie aus dem Haus. Viel gelernt habe ich nicht. Ausser diese Abseilerei. Kitzlig war das ja schon. Fast 1000 Meter lochab, aber ich dachte, so gesichert, wie das ist, kommt noch der grösste Tschumpel ans Ziel.

Später, nach meinen acht WK, sagte der Kadi: «Ich gebe euch fünfen noch den Gefreiten. Das ist so üblich.» Wir alle schüttelten unsere Köpfe: «Wir wollen keinen Gefreiten. Wir nehmen ihn nicht.» Wir wollten keine Verzierungen an der Uniform. Damit unser Ehrenkleid rein blieb. Da waren wir strikt.

Weil der Balken der Gefreiten die gleiche Breite hat wie ein Majorenbändel, sagten wir zum Kadi: «Kannst die Streifen, die du an uns fünf gespart hast, zusammennähen. Dann wirst du eventuell noch Major.»

Muschig

Von jener Zeit bei Baumann Hans gibt es noch ein Foto. Wo es ist, weiss ich nicht. Ein Reporter hat es sich geschnappt, als er mich als jungen Lottokönig heimsuchte. Es ist in einem Film des Schweizer Fernsehens über mich, den Lottokönig, verewigt. Da bin ich auf dem Riedhof oberhalb von Thun abgebildet. Am Sonntagnachmittag gingen wir Kollegen jeweilen zum Kegeln hin. Ich lehne an einem Buick 1 Cabriolet. Den wollte ich fotografieren. Dass es im Bild so herauskommt, mit diesen Reflexen der Sonneneinstrahlung durch die Bäume hindurch, war gar nicht meine Absicht. Das ergab sich einfach. Aber gekleidet war ich absichtlich und immer so. Ohne weisses Hemd und Krawatte ging ich damals nicht aus dem Haus. Das war mein Spleen. Bei meinem Kollegen Ramseier Peter genauso. Wir trugen beide den gleichen Veston, die gleiche Hose und die gleiche Krawatte. Wir waren zusammen, wann es nur ging. Und wir gingen immer in die gleichen paar Lokale – und blieben, bis sie uns erwischten.

Die Tanzbändel waren in allen Lokalen die gleichen. Damit der Türsteher nicht jedermann einlassen musste, wechselte von Tag zu Tag und von Lokal zu Lokal die Farbe. Es gab gelbe, blaue, grüne, rosa und rote – und wir hatten von jeder Sorte eine kleine Sammlung in einer Tabakdose im Kittel. Wir zeigten am Eingang die gültige Tagesfarbe, und drin waren wir. Aber nur bis zur Nummernkontrolle. Wenn sie uns schnappten, flogen wir hochkant hinaus. Aber so schlimm war das auch nicht. Im oberen Stock, wo die Post abging, waren für uns die Getränke sowieso zu teuer.

Bald hatte Peter eine bessere Idee. Er hatte eine Schreinerlehre gemacht und spielte Saxofon. Eine Bassgeige und eine Handorgel hatte er auch. Er brachte mich dazu, mit ihm Musik zu machen. Ich probierte auf seinem Schlagzeug herum. Richtig spielen konnte ich nicht, aber dannzumal spielte das keine Rolle. Oft gingen wir nach Belp zum Tanzsonntag, von mittags, 12 Uhr, bis Mitternacht. Wir spielten, verkauften Tanzbändel, und was wir nicht der Gemeinde abliefern mussten, konnten wir behalten. Viel war es nicht. 10 Fränkli. Der Wirt gab uns was zu essen und trinken, aber was konnten wir mit 10 Fränkli schon machen. Die nahm der Automobilist, der die Instrumente transportierte, für den Most. Also blieb nichts.

Einmal, am Montagmorgen, als ich zurück in die Bude kam, stand der Alte schon im weissen Schurz auf der Rampe. Baumann Hans. Er sagte: «Bruni, komm grad mal. Siehst müde aus.»

Er hatte einen Sprachfehler: «Hesch wider Muschig gmacht?» – «Ja.» – «Wo?» – «In Belp im ‹Sternen›.» – «Was hast du verdient?» – «Nichts.»

Dann sagte er: «Jetzscht muesch gnau überlege: Muschig mache oder schaffe. Beidesch geit nid.»

Er schickte mich mit dem Velo nach Hause zum Ausschlafen. Damit war Schlusch mit Muschig. Lohn hatte ich immer noch 1 Franken 60. In die Gewerbeschule durfte ich auch nicht, weil niemand wusste, was ich dort lernen sollte. Ich konnte ja von allem ein bisschen. Da sprach ich meinen Alten an. Ich sagte ihm, dass mir die Handlangerei von Tag zu Tag mehr stinke. Das hat gewirkt. Von da an arbeitete ich mit einem San.-Monteur nur noch auf Sanitär. Aber es kam zu spät. Auf Ende 59 kündigte ich bei der Fa. Baumann. Endlich. Nach fünf Jahren «Gib mr, häb mr».

Hotel Mama

Den ganzen Januar 1960 hatte ich frei. Ferien und Überstunden noch von der Fa. Baumann. Komisch, aber grosse Sorgen um andere Arbeit hatte ich nicht. Im Januar war es sowieso kalt auf dem Bau – und es war die Zeit, in der wir aus dem Schwäbis umzogen. Grossmutter war im November gestorben, und der Vermieter beanspruchte die Wohnung für sich.

An der Schwarzeneggstrasse in Steffisburg fanden wir ein neues, eher schäbiges Zuhause: bei Stucki Ernst, einem früheren Heimberger. (In seinem Laden hatten wir als Gielen immer unsere Zigaretten gekauft, um sie in der Grube zu rauchen – statt Sonntagsschule. Es gab drei Sorten: VIP, V2 und Amazonas. Ein Zwanziger-Päcklein ohne Filter für 60 Rappen.)

Noch bevor wir umzogen, hatte mein Bruder Ernst geheiratet und uns bereits Richtung Basel verlassen. Alfred war schon verheiratet und gleich mit ihm gezogen. So hauste ich fortan allein zusammen mit meiner Mutter. Zuerst noch im Schwäbis und dann in Steffisburg. Rund zehn Jahre blieb ich bei ihr und pflegte sie, wenn es nötig war. Waschen und putzen brauchte sie nicht mehr. Bei Gerber Käse AG fand sie eine leichtere Stelle. Aber sie krampfte auch dort.

Bis sie ins Altersheim kam, hat meine Mutter gekrampft. Tag für Tag. Ein Krampffraueli war sie. Sehr lange lebte sie ohne Gebresten. Die fingen erst an, als sie beim Pfarrer der Thuner Stadtkirche von der Leiter fiel. Sie brach sich das Becken. Auch das gab Kosten auf Teufel komm raus. Hochwürden hatte nicht mal eine Versicherung. Wer musste das bezahlen? Am Ende ich. Aber wie? Meine Brüder und Schwestern kamen so wenig wie möglich nach Hause, um bloss nichts geben zu müssen.

Hauenstein

Einmal war ich im «Hirschen» Steffisburg am Jassen. Da kam Hauenstein Robert herein, setzte sich zu uns und fragte: «Du, hast du Ferien?» Ich sagte: «Ja, noch bis Ende Januar, dann suche ich Arbeit.» Er meinte: «Geh zu meinem Bruder. Er sucht einen.»

Am Tag darauf ging ich zu Walter Hauenstein und sagte: «Du, Walter, Robert meinte, ich solle mal bei dir vorbeikommen.» Walter sagte nicht viel. Nur: «Wann kannst du anfangen?» Ich: «Am 1. Februar.»

Dann fragte er: «Kannst du morgen noch schnell vorbeikommen? Wir schauen dann wegen dem Lohn. Kannst gleich ein Überkleid mitnehmen.»

Wie abgemacht ging ich nochmals zu ihm. Er fragte nach dem Lohn bei der Fa. Baumann. Ich sagte: «Fünf Jahre gleich viel, 1 Franken 60.» Er: «Bei mir bekommst du mehr.»

Gerne hätte ich gewusst, wie viel mehr. Aber das sagte er nicht. Er meinte nur: «Wenn du so zackig arbeitest, wie du aufgetreten bist, als du in der RS den Bürgerbrief abgeholt hast, dann bist du mein Mann. Die Achtungsstellung, die du da hingelegt hast, zweimal sogar, auch für Flühmann Alfred im Rollstuhl, das war tadellos.»

Flühmann Alfred war ein Jahrgängler von mir und mein Kollege während der Schulzeit. Als Bruni, mit meinem B, wurde ich als Erster aufgerufen, an der Einbürgerungsfeier meinen Bürgerbrief in Empfang zu nehmen. Als Flühmann Alfred dran war, schob ich ihn die Rampe hoch zum Empfang beim Gemeindepräsidenten. Und weil wir in der RS waren, dachte ich, jemand muss da ja auch für ihn ein Toggeli machen. Das machte ich dann.

Ebenso tadellos wie meine Achtungsstellungen waren Hauenstein Walters Auskünfte: «Zahltag gibt es alle vierzehn Tage und im Jahr zweimal ein Überkleid mit unserem Signet.» Am 1. Februar fing ich wie abgemacht bei W. Hauenstein an. Hauenstein Walter hat über mein Leben mindestens für die nächsten 25 Jahre bestimmt.

Robert und ich beluden den Handkarren mit Werkbank, Werkzeugkiste, Gasentwickler, Sauerstofftasche und Karbidtrommel. Robert war Sanitär und auch Heiziger. Zusammen machten wir Heizung und Sanitär. Das kam mir sehr gelegen. Von Autogenschweissen hatte ich schon mehr als eine Ahnung – und ab ging es Richtung Heimberg.

Die Belegschaft bestand aus Walter Hauenstein, Besitzer, Karl-Martin Bürger, San.-Techniker, Santschi Karl, San.-Monteur und Heizungsmonteur, Steiner Josef, Heizungsmonteur, Hauenstein Robert, Heizungs- und Servicemonteur, Steiffenhofer Peter, Sanitärlehrling, Aebersold Hans, Handlanger (später Chauffeur), und mir.

Walter Hauenstein war eigentlich Kaufmann und hatte blutjung am grossen Platz in Steffisburg einen Kolonialwarenladen betrieben, mit Spezereien und allerlei Alltagskram. Ich sehe ihn noch vor mir: in einem alten Berner Haus hinter ausladenden Sonnenstoren. Das Obst und Gemüse hatte er in Kistchen bis fast auf die Strasse drapiert. Daneben baute er im ersten Stock über dem Laden eine Heizungs- und Sanitärfirma auf. Es gab nicht mehr als ein winziges Büro, für den Techniker und für ihn selber. Ein Geschäftsauto hatten wir noch nicht. Das Material, das nicht der Lastwagen auf die Baustelle brachte, mussten wir mit dem vierräderigen Handkarren transportieren. Unser Montagebereich war Heimberg, Steffisburg und Thun.

Abschied vom General

1960, während der ersten Zeit bei Hauenstein starb General Guisan. Am Samstag, 5. April, waren wir Bergenten in Spiez gerade aus einem Gebirgs-WK entlassen worden – und bekamen gleich das fakultative Aufgebot, am Montag, 7. April, nochmals einzurücken. Ich war zwar ziemlich auf der Schnure, aber ihm die letzte Ehre zu erweisen, hätte ich mir nicht nehmen lassen. Ich kannte ihn ja privat, aus der Zeit bei Baumann, vom Umbau dieser Villa in Pully. Zum Mittagessen vertrieben wir uns die Zeit am Ufer des Sees und freuten uns über die schönen Rösslein auf seinen Weiden. Da sahen wir ihn manchmal im Sattel unterwegs. Wir grüssten ihn – er uns zurück –, und wir wechselten hin und wieder ein paar Worte. Einmal fragte er: «Machst du auch Militär?» – «Jawohl, Herr General.» – «Bei wem?» Ich sagte: «Gebirgsfüsilier. Beim 1/36.» «Mein Bataillon!», sagte er. Deshalb wurden wir 36er aufgeboten.

Drei Tage lang übten wir in Lausanne, in der Pontaise oben. Das war ein Murks. Drei Tage lang mussten wir lernen zu laufen. In Achterkolonnen. Mit der Musik. Das ganze Bataillon 36. Am Tag der Beerdigung war es hundstagsmässig heiss. Lausanne ist steil. Der Avenue Général Guisan entlang mussten wir zur Kathedrale hinauf, alles im Trauermarsch, den Karabiner geschultert. Die, welche Nagelschuhe hatten, mussten Nagelschuhe tragen. Wir waren nahe dran, den Asphalt aufzurollen. So klebrig heiss war es. Und alles mit diesem Kalbfleischdeckel auf dem Kopf. Mit dem Helm. Bei der Pontaise oben hiess es endlich, Karabiner runternehmen. Ich konnte den Arm nicht mehr strecken. Und schlecht gefressen hatten wir auch. Wenn das der General gesehen hätte, hätte er sich im Sarg umgedreht.

Im Palais de Beaulieu hatten wir ein Strohlager. Die Kavalleristen soffen Weissen wie eine Kuh. Diese Rösseler lagen auf den Strohballen rum, stockbesoffen und ausser Rand. Einen, der kaum mehr wusste, wie er hiess, zogen sie füdliblutt aus und gossen die Flaschen über den Ranzen, bis sie alle von den Strohballen fielen. Es war ein Staub vom Stroh, ein Gestank von Socken und Schweiss, und so viel, wie gesoffen wurde, wurde auch wieder gekotzt. Welch ein Fest für einen Todesfall. Welch eine Beerdigung.

Die Offiziere damals waren noch nicht alle solche Hurlibuben. Einige hatten schon noch Faden, nicht nur am Hut. Wenn es wieder einen General braucht, es gäbe keinen andern.

Tenue Fez

Guisans Beerdigung fiel gerade in die Zeit, als meine Mutter in Bern im Frauenspital lag. Am Samstag zwischen WK und Spezialaufgebot nach Lausanne fand ich die Wäsche zu Hause gewaschen, aber nicht gebügelt. Ich hatte damals immer noch diesen Furz: Ohne weisses Hemd und Krawatte ging ich nicht aus dem Haus. Also wollte ich bügeln, aber ich verbrannte den Kragen. Auch bei einem zweiten gings schief. Ich dachte: Was soll ich mich plagen, die Uniform ist schneidig genug, um meine Mutter im Spital zu besuchen. Statt Hemden zu glätten, behielt ich die Uniform an und fuhr als Tätel zum halben Preis nach Bern. Auf dem Heimweg nach Steffisburg sah ich in Thun einen andern, quasi aus Not ebenfalls noch in Uniform.

Er rief mir zu: «Komm, Werner, komm!» Wir soffen uns durchs Städtchen, gingen über den Rathausplatz und sahen einen mit seiner Frau. Ich sagte: «Du, pass auf, das ist der Bovet Martin, der Kadi vom 3/36 – und wir sind noch in Uniform. Das gibt ein Heliee, da kommt noch etwas.» Und prompt ödete er uns an: «So, ihr zwei Herren, warum habt ihr die Uniform an?» Mein Kollege gab zurück: «Du hast wohl keine, sonst hättest auch du sie angezogen.»

Das hätte er nicht sagen sollen. Beim Einrücken in Spiez zu Guisans Beerdigung am Tag darauf meinte der Kadi vom 3/36: «Gewisse Herren haben keine Ahnung, wann man die Uniform trägt und wann man sie ablegt. Für die gibts dann noch ein Nachspiel.»

Unser Kadi (vom 1/36) meinte bloss: «Jetzt könnt ihr euch selber lieb sein. Der wird euch suchen, bis er euch hat. Der wirft euch noch in die Kiste.»

Denkste.

Auf der Heimfahrt von der Beerdigung nach Thun, schon weit vor dem Halt, hatten wir unsere Sachen beisammen, den Rucksack auf dem Buckel, und noch vom fahrenden Zug sprangen wir auf der falschen Seite aufs Nebengeleise – und weg, so schnell wir konnten, Richtung Milchtrocknungsanlage, schnappten uns ein Taxi, nach Steffisburg hinauf, und zogen uns um. Im «Bären» oben, hatten wir abgemacht, gehen wir jassen. Völlig unerwartet, wer kam durch die Tür? Unser RS-Kadi mit seiner Frau. Sie hatte ihn am Bahnhof abgeholt. «Da sind sie ja, die beiden Vaganten», sagte er. «Hier erwischt er euch nicht. Und ihr seid ja schon in Zivil.»

So war es. Der vom 3/36 hat uns nie erwischt. Drei Tage Scharfen hätte das gegeben. Aber das wollte ich mir nicht antun. Ja, der Hauptmann Zenruffinen war schon in Ordnung.

Ich war noch stolz aufs Militär. Ich machte gern Dienst. Klar, hat man geflucht: Wie lange wollten sie noch marschieren mit einem? Das war verrückt manchmal. Aber wenn man an Ort und Stelle war, ein Bier hineindrückte, war alles Leiden vergessen. Man konnte nur noch lachen. Uns Füsel bringen sie nicht herunter. Sollen sie uns doch jagen. Heute können sie das nicht mehr machen mit einem.

Selbständiger San.-Monteur

Bei Hauenstein begann für mich eine neue Ära. Erstens mit beträchtlich mehr Lohn und einem super Arbeitsklima. Zweitens hat mich die Belegschaft voll akzeptiert, also wollte ich sie nicht enttäuschen und legte mich voll ins Geschirr. Ich bekam Freude an der Arbeit und machte vieles bald selbständig.

Alle drei Monate hatten wir in einem Lokal Monteurenversammlung, da kam das zur Sprache, was gut und was weniger gut war, aber Rüffel gab es deswegen nicht. Hauenstein Walter sagte es einfach. Aber er hatte auch immer ein Lob dabei, wenn etwas super gelaufen war. So vergingen die Wochen. Robert sagte eines Tages: «So. Du machst Sanitär. Da kannst du auch den Heiziger machen. Da sind die Pläne.» Also machte ich die Heizung, ganz selbständig. Und es kam gut.

Hauensteins Geschäft florierte. Zu Einfamilienhäusern kamen Wohnblöcke und andere Grossprojekte. Es wurde immer interessanter. Nach gut zwei Jahren erklärte der Boss an der Versammlung: «Herr Bruni ist ab sofort selbständiger San.-Monteur und bekommt ein eigenes neues Werkzeug.» Das hat gesessen.

Unterdessen hatten wir auch einen Geschäftswagen und einen Servicewagen. Also wurde «mein» Werkzeug per Auto auf die Baustelle geführt, und ich ging mit meinem Armeevelo, Jahrgang 1936, zur Arbeit, konnte mir die Stunden selber einteilen, abends so lange ich wollte, und wenn ich früher fertig war mit der Installation und das LWW (Licht- und Wasserwerke) die Installation abgenommen hatte, konnte ich abends im Geschäft sagen: «Morgen bin ich fertig.» Also bereit für die nächste Baustelle. Wenn ich zu schnell war, gab es Lob, oder Geld. Oder einen freien Tag voll bezahlt. So machte Arbeiten Spass.

Nichts für Weicheier

Ein San.-Monteur hat alles zu machen, was mit Wasser und den entsprechenden Anschlüssen zu tun. Als Erstes legten wir die Verteilbatterie mit den verschiedenen Wasserhähnen für diesen und jenen Eingang bereit. Dann hatte man die verzinkten Röhren, schnitt die Gewinde mit Fittings und allem Drum und Dran, schraubte alles zusammen, hielt die Dimensionierungen fest. Und jedes Mal, wenn wir auf dem Platz Thun eine Installation fertig hatten, avisierten wir das LWW, wie sich das gehörte. Einer der Chefmonteure, die ich bald alle kannte, nahm die Anlage ab. Wir plauderten zusammen eine Viertelstunde oder so. Der Wenger Wältu sagte jeweilen: «Ja, also Werner, ich gehe mal da rüber.» Fünf, zehn Minuten später kam er wieder: «Es ist okay. Kannst isolieren und zumauern lassen.»

An jedes Stück Rohr musste man ein Gewinde schneiden. Von Grund auf alles von Faust. Heute verlegen sie auf der Betondecke nur noch schwarze Schläuche mit einem blauen oder einem roten Nüggel für kalt und warm Wasser. Das ist nicht mehr das Gleiche. Wir hatten noch eine Werkbank auf dem Bau. Das brauchen sie heute nicht mehr. Jedenfalls habe ich nichts dergleichen mehr gesehen, als sie kürzlich gegenüber dem Chalet, wo ich heute wohne, diese Villa bauten. Ich hatte freien Zutritt. Zwahlen Peter, der Bauherr, war ein guter Mann. Er sagte: «Hier hängt der Schlüssel, geh ruhig hinein.» Ich ging immer wieder und schaute, wie das heute so geht. Und ich sah auch den ganzen Luxus. Die Dusche, das WC, alles aus Marmor, mit Ornamenten, verschiedenfarbigen, superschön. Und dann ein Badezimmer, so eines habe ich noch selten gesehen – und ich habe ja viele gesehen –, aber so perfekt, so picobello. Zwei Cheminées, eins unten, eines oben – der ist wohl schon reich geboren worden. Ich mags ihm gönnen. Aber für mich möchte ichs nicht. So oder so.

Autogenschweissen

So schwere Sauerstoffflaschen, wie wir sie damals hatten, braucht heute niemand nicht mehr zu schleppen. Heute muss ein San.-Installateur ja auch nicht mehr schweissen. Das Gas machten wir selber. Mit einem Gasentwickler, so einem plegerschweren Kübel. Mit diesen Krüppeln machte man sich den Rücken kaputt. Drinnen stand ein Korb. Wir füllten ihn mit Karbid und liessen ihn wieder ins Wasser hinunter und verschraubten den Deckel, dass es dicht wurde. Dann konnte man das Hähnchen öffnen, und das Gas kam. Den Sauerstoff bekamen wir von der Fabrik, von der Carba, in diesen weltsdonnerhohen Stiefeln. (Acetylen + Sauerstoff = Autogenschweissen.)

Die Krüppel waren so saumässig schwer. Wenn man einen

nicht selber hochtragen mochte, lachten einen die andern aus. Oben, im zehnten, zwölften Stockwerk, banden wir sie fest, damit sie nicht davonflogen. Mamma mia. In Grindelwald unter dem Bahnhof, im Hotel Regina, habe ich gesehen, was passieren kann, wenn eine Gasflasche umfällt. Gut, die Flasche explodierte nicht, aber das Ventil schlug es weg. Es war in ganz Grindelwald nicht mehr zu finden. Wer weiss, vielleicht ist ein Bitz davon am Eiger oben liegen geblieben. Es war so ein Druck drauf. 380 atü. Ja, damals sagte man noch atü.

Später, als die Carba das fertige Gas in Flaschen lieferte, wurde vieles anders. Aber Krüppeldinger waren das immer noch: mannshoch, aus sehr solidem Stahl und nicht leichter, wenn sie eine Treppe hochmussten. Bei den Ventilen, an den Manometern, wo man den Druck einstellen kann, ist eine Membrane drin. Ein Membranventil, beim Sauerstoff und beim Gas genau gleich. Wenn die Dichtungen nicht mehr gut waren und man in der Nähe schweisste, konnte das Ventil Feuer fangen. Blitzschnell rannte alles raus aus der Bude. Da musste dann einer hin, um den Hahn zuzudrehen. Einfach abstellen. Es war immer der Bruni, der ging. Der Bruni Werner fürchtet den Teufel nicht. Eine frische Dichtung rein, festschrauben und wieder öffnen. Und dann mit dem Schweissbrenner nahe dran, um sicherzugehen, dass das Leck dicht ist. Das sah gefährlich aus. Aber was konnte schon passieren. Dass es grad explodiert? Kannst dir vorstellen … Wenn auch nur ein Mal etwas passiert wäre, wäre ich tot.

Alle Röhren mussten wir auch hochtragen. Früher hatte man diese Steigstränge und musste die Anschlüsse für die gusseisernen Radiatoren anpassen und am Steigstrang ein Loch herausbrennen, die Anschlüsse einschweissen. Wenn man da – ich kann es von mir aus sagen – sechs Radiatoren angeschlossen hat an einem Tag, war man schon ein Weltsdonnerprofi.

Radiatoren gibts heute schon gar nicht mehr. Sogar das Wort kennt kaum einer mehr. Heute hast du Bodenheizung, entweder mit Stahlröhren oder, noch einfacher, mit Plastikröhren. Die krümmst du einfach und klebst sie zusammen. Bloss die Muffen muss man selber machen. Wärmen, und dann den Zapfen rein. Erst mit Reiniger und dann mit Leim schön genau zusammenzeichnen.

Was einmal geleimt ist, bringen sieben Pferde nicht mehr auseinander. Wenns zu lang ist, kann man einen Bitz abschneiden und von vorne beginnen. Wenns zu kurz ist, kann man zupfen und zerren, bis es halbwegs passt. Mit Installation hat dieses Klebezeug von heute nicht mehr viel zu tun. Das ist eher ein Zusammenbasteln. Wo und wie die Röhren im Boden verlaufen, da fragt niemand mehr nach.

Einmal bohrte ich Löcher in einen Marmorboden im Bad, um einen Closomat festzuschrauben. Drei hatte ich schon. Beim vierten bohrte ich dem Heiziger in ein Rohr. Die Folge: Mein Grind und der Boden waren klatschnass. Was hätte ich tun sollen? Der Verlauf der Röhren auf dem Plan und in der Wirklichkeit hatten nur wenig miteinander zu tun. Doch Ingenieur Schwarz schimpfte mich Maulaff und Schlimmeres. Ein solches Wort mehr, und er hätte mich nie mehr gesehen …

In Thun, mitten in der Altstadt, mussten wir manchmal Radiatoren auswechseln. Antike, hohe, gegossene, mit Verzierungen. Vierbeinige, sechsbeinige. Um sie zu tragen, brauchten wir Stangen, zwei Pickel, zwei Seile, macht vier Mann. Unten auf der Strasse mussten wir sie von Hand aufs Lastwägeli hieven. Von Hand zogen wir das Wägeli ins Geschäft. Wenn alles durchgespült war, gings zurück, vielleicht in die Hauptgasse oder ins Bälliz hinein, um sie wieder zu montieren. Da war ich nicht immer ein Engel. Wenn ich beim Polieren war und niemand zuschaute, hatte das Ding plötzlich ein

Bein weniger. Dann hiess es: Ooops, ein Bein ist abgebrochen. Solche steinalten Cheiben, die hätten schon lang auf den Schrottplatz gehört. Das sollte ich ja nicht sagen. Aber wenn sie zu schwer waren, um sie zu viert die Treppe hochzutragen, schlug ich manchem rechtzeitig ein Bein ab, um ihn nicht wieder hinauftragen zu müssen. Mindestens sollten alle vier Tragemänner ungefähr die gleiche Grösse haben, sonst ist die Last schlecht zu verteilen. Später bekamen wir dann leichtere Radiatoren. Das war dann nicht mehr dieser saumässige Murks. An die Wand schrauben, fertig.

Doch es nützt alles nichts. Es mag noch so leicht geworden sein, die heutigen Gielen vom Bau mögen das nicht mehr prästieren. Darum findet man auch kaum einen mehr, der San.-Monteur lernen will. Oder Heiziger. Heiziger war sowieso ein wilder Beruf. Wenn einer schweissen konnte, konnte er auch heizigeren. Mehr brauchte ein Heiziger nicht zu können, sofern er einen zur Seite hatte, der ihm die Räume ausmass, um die Grösse des Radiators zu bestimmen. Kontrolliert wurde nichts. Es brauchte nicht einmal eine Bewilligung, um eine Heizung zu machen.

Bei San.-Monteuren ist das anders. Einer, der Sanitäres einrichten will, muss zur Kontrolle einen Ingenieur über sich haben oder einen Installateur mit der Meisterprüfung. Um Lehrbuben zu haben, braucht es das sowieso. So war das zu meiner Zeit. Wie es heute ist? Ich frage nicht mehr danach. Aber es interessiert mich natürlich trotzdem, was alles Neues kommt auf dem Bau. In der Bude gab es jeweilen einen Anschlag am Schwarzen Brett: Es ist wieder ein neuer Kunststoff gekommen. Immer wieder mussten wir umlernen. Und das Alte vergessen. Erst hatte man im Sanitären alles aus Guss, dann kamen Stahlrohre, innen beschichtet, und dann eben kam dieser Kunststoff.

Baumatrose unterwegs

Bei den anderen Baumatrosen hatten wir San.-Installateure einen schlechten Ruf. Wie unseren Brüdern zur See setzte auch uns das Saufen zu. Mehr als anderen. Unser Arbeitsplatz war die frisch gegossene Betondecke, direkt unter der Sonne. Übergwändli ausziehen, das Leibchen auch. Die Hitze drückte. Da mochte man schlucken. Aber man durfte nicht zu viel. Sonst wurde man müde. Gut, ists vorbei. Mancher damals kam von der Baustelle knütschblau nach Hause, weil er tagsüber so viel trank. Mein Vater war auch so ein Fall gewesen. Heute sieht man auf einer Baustelle keine Bierflasche mehr. Die Versicherungen zahlen sonst nicht.

Was mich betrifft, führte ich unter den San.-Installateuren einen guten Namen. Deshalb wurde ich weiss der Teufel wohin geschickt. Als Ausgelernter. Schliesslich machte ich in meinem Leben schon manches andere neben dem Installateur. Gelernt habe ich immer nebenbei. Ich sagte mir, statt lang zu studieren, lieber jemandem eine halbe Stunde bei der Arbeit zuschauen, wie ers macht. Das gibt einen Grundbegriff. So bin ich ein bisschen zum Allrounder geworden (mit einem grünen Daumen).

Wenn einer noch hurtig zwei Blöcke hinzwicken sollte, fragte er jeweilen den Chef. Der Chef sagte dann: «Bruni Werner, du bist der Einzige, den ich schicken kann.» Das wollte etwas heissen. Vollverantwortung und mehr Lohn. So war ich in Köniz, Worblaufen und Zweisimmen und später noch auf der Grimsel.

Einmal war ich von einem Hotelier im Beatenberg drüben

entlehnt. Er war etwas dünn im Mist. Wir machten ihm das Ablaufsystem. Am Abend gingen wir jeweilen zurück in die Bude. Fragte der Chef: «Hat er euch bezahlt?» Ich sagte: «Nein. Er ist in der Wohnung geblieben. Ich habe ihn hinter dem Vorhang gesehen. Er hat hinausgestarrt.»

Wehe ihm, der Chef machte ihm Beine. Am Freitag nach Feierabend ging ich zu ihm ins Büro. Er telefonierte dem Kunden. Der bellte zurück: So eine Lumpenbüez. Die nehme er sowieso nicht an. Nichts sei nach den Massen, nichts eingehalten worden. Ich stand neben dem Alten und hörte alles mit. Er meinte: «Wenn Ihr eine Expertise wollt, könnt Ihr sie haben.» Er schaute mich an. Ich nickte ihm zu: «Ja, unbedingt.» Der Chef liess die Expertise machen. Wie es sich gehört, in meiner Abwesenheit. Ein Mann vom Licht- und Wasserwerk erschien auf dem Platz. Mühlemann aus Interlaken. Ich kannte ihn gut. Er musste sagen: «Die Arbeit ist sehr gut gemacht.»

Das hat den Monsieur im Hotel augenblicklich verhudlet. Er hatte schon vorher fast nichts mehr gehabt. Nur noch eine Waschmaschine im Schaufenster, die er dreimal verkauft hatte. So ein Vagant. Das sind die, welche ihre Zigarren mit einem Hunderternötchen anzünden. Ich habe manchen von der Sorte gesehen, denen es über den Kopf gewachsen ist. Ich bin nicht der Einzige. Es sind noch andere verlumpet. Solche mit braveren Namen.

Der Stift und sein Lehrstück

Mit der Erfahrung wuchs auch mein Können. Es lief gut. Deshalb bekam ich im Frühjahr den jungen Ürsel als Lehrling. Keinen Geringeren als Urs Hauenstein, den Sohn des Chefs. Ich sagte immer: Er ist nicht mein Stift. Er ist mein Lehrbub. Er soll etwas lernen. Ein Stift ist nicht mehr als ein Stück Draht. Den kann man bloss verkrümmen. Das kann man nicht brauchen auf dem Bau. Ein Lehrbub ist etwas anderes. Er ist ein sogenannter Nagel. Er braucht eine Spitze und einen Kopf. Item. Das sind Lehrbuben. Immer gibt man den Stiften die Schuld. Einem Meister des Fachs sagte ich mal: «Was werkst denn du? Bei jedem Blödsinn, der dir passiert auf dem Bau, sagst du, das hat der Stift gemacht. Hol dich der Teufel. Du musst gradstehen dafür. Du musst schauen, dass nichts Dummes passiert.»

Mir ist auch manches passiert. Einmal, während ich beim Schweissen war, musste Ürsel einen grossen Spiegelschrank montieren. Ich half ihm beim Anzeichnen. Danach kam er: «Du, die Schrauben wollen nicht halten in der Wand.» Ins Wohnzimmer auf der anderen Seite der Wand konnten wir nicht. Es war verschlossen. Also wusste ich nicht, wie dick die Mauer ist. Ich sagte zu Ürsel: «Sind vielleicht die Schrauben zu kurz?» «Ja», meinte er, «man sollte etwas dazwischenschweissen.»

Das machte ich. Danach kam Ürsel begeistert zurück: «Jetzt halten die Schrauben. Jetzt können wir den Schrank aufhängen.» Ich half ihm dabei.

Einen Monat später wurde nach dem Bad auch der Wohntrakt im Haus umgebaut. Ein Zimmer nach dem andern. Auch das Wohnzimmer kam dran. Frisches Täfer sollte hinein. Ich bekam ein Telefon: «Du, Werner, du musst zur Familie Sowieso. Sie bringen das Buffet nicht auseinander.»

Ich konnte mir gut vorstellen, weshalb. Meine verlängerten Schrauben reichten voll durch die Wand – ins Buffet. Es war ein schweres Buffet mit einer Vitrine voll Kristallgläser. Die

Rückwand der Vitrine hielt den Spiegelschrank auf der anderen Seite so fest, dass sich der Vitrinenteil nicht mehr vom Unterteil und vom Platz an der Wand heben liess.

Das blieb unter uns. Ich sagte zum Ürsel: «Das geht niemanden nichts an. Das müssen wir selber ausfressen. Ich bin schliesslich genau so schuld wie du. Du brachtest die Schrauben nur rein, weil ich dumm genug war, sie zu verlängern.»

Wenn irgendein Stück verreckte, schmiss man es auf die Mulde hinaus und deckte es zu, damit es niemand mehr sah. Beim zweiten Mal gings dann meistens gut. Wenn man etwas Neues macht, verreckt halt manchmal auch etwas ab. Dort, wo gearbeitet wird, passieren auch Fehler. Wo nicht gearbeitet wird, passiert überhaupt nichts.

Warnung vor Heidi

Als ich als Aushelfer in Zweisimmen war – Umbau Eidgenössisches Zeughaus –, wohnte ich im Hotel Monbijou. Wir durften nur bis fünf arbeiten. Das gab lange Abende. Weil ja sonst nichts los war, blieb ich nach dem Essen in der Beiz, las die Zeitung und trank ein paar Bier. Die Serviertochter langweilte sich genauso. Weil ausser uns zweien nur noch zwei bis drei besoffene Baubüezer da waren und Aegeter, der Wirt, nicht schliessen wollte, setzte sie sich an meinen Tisch. Sie hiess Heidi Steinbrück und war eine Deutsche.

Hie und da kamen der Zeughausverwalter und seine Frau zu einem Schlummertrunk ins «Monbijou». Sie warnten mich vor der Heidi. Mich kümmerte es nicht weiter, was andere sagten. Aber es musste wohl so kommen. Ich war ein paarmal intim geworden mit ihr und vergass sie, sobald ich fort aus Zweisimmen war. Monate später kreuzte sie bei uns zu Hause auf. Bei mir und meiner Mutter, Schwarzeneggstrasse, Steffisburg. Die Adresse hatte sie im Hotelbuch gefunden.

Sie kam sogleich zur Sache: Sie sei schwanger. Ich fiel aus allen Wolken. Ehrlich gesagt, ich glaubte ihr nicht. Die folgende Woche rief ich den Zeughausverwalter an. Wir waren ja gut befreundet. Er sagte es geradeheraus: «Ausgerechnet die. Die geht ja mit jedem ins Bett – und hat ihren Tarif.» Im «Monbijou» arbeitete sie nicht mehr. Aegeter hatte sie zum Teufel geschickt.

Was tun? Sie war weiterhin als Serviertochter tätig. Mal hier, mal da. Solange es ging. Bis zur Geburt. Schliesslich nahmen Onkel Hans und Martha in Gwatt bei Thun sie zu sich. Mutter und ich arbeiteten ja.

Sie drängte zur Heirat, aber wir warteten ab. Als Klein Peter da war, machten wir einen Vaterschaftstest. Aber es kam nichts Schlaues heraus. Ich musste wohl geradestehen. Ich war ja auch wirklich stolz auf Klein Peter. Er war der erste Stammhalter unserer Generation. Ich war zwar der Jüngste, aber meine älteren Brüder hatten bis dahin noch nichts Entsprechendes zustande gebracht. Fritz, der Stündeler, hat es dann später geschafft. Drei Söhne und zwei Mädchen. Aber die Mädchen habe ich nie kennen gelernt.

Ferien in Dillingen

Nach der Heirat, als Peter halbjährig war, gingen wir zu Heidis Eltern nach Dillingen an der Donau in die Ferien. Die Hochzeit hatten wir leise gefeiert. Ihre Eltern waren nicht gekommen, also kannte ich sie noch nicht. Wie sie sagten, waren sie sehr stolz auf mich. Tatsächlich prahlten sie im Städtchen herum: «Das ist Werner, der Mann von der Heidi. Er ist Schweizer.»

Als die Ferien zu Ende gingen, war Peter krank geworden. So eine kleine Kinderkrankheit. Weil er fiebrig war und nicht reisefähig, ging ich alleine zurück in die Schweiz. Ich hatte ja einen guten Job, und den wollte ich nicht verlieren, um keinen Preis. Die Zeit verging, Peter war längst wieder gesund, aber Heidi blieb in Dillingen. Sie schrieb mir, ich solle ihr Geld schicken. Sie habe einen guten Job in einem Warenhaus gefunden. Ich ermahnte sie, zurückzukommen, und schickte ihr 600 DM. Aber Heidi kam nicht. Ich schickte ihr wieder 600 DM und wieder und wieder. Keine Heidi kam.

Ich arbeitete in Steffisburg wie ein Besessener, machte Überstunden, um die 600 DM zu bezahlen und um zehn Tage Ferien einzuziehen. Ich musste wieder nach Dillingen, die beiden holen gehen. An einem Dienstag war ich dort. Peter hatte sich prächtig entwickelt. Am Mittwoch nahmen wir den Zug nach Lauingen an der Donau. Heidi sagte mir, sie wolle mir etwas zeigen. Komisch. Am Bahnhof wurden wir abgeholt. Von einem grossen Mercedes. Wir fuhren in eine Firma Renner & Co. Die Herren dort waren sehr zuvorkommend und zeigten mir den Betrieb. Während dem Mittagessen fragten mich die Herren, wann ich anfangen wolle. Ich könne den Vertrag gleich unterschreiben.

Anfangen? Wo? Was? Das fehlte noch. Nun waren klare Worte gefragt. Ich sagte den Herren, dass ich in der Schweiz eine sehr gute Stelle habe. Ich denke nicht im Schlaf daran, fahnenflüchtig zu werden. Basta. Den Vertrag könnten sie zerreissen.

Die Herren tuschelten noch etwas mit der Heidi und küssten sie zum Abschied. Mich liessen sie abseitsstehen. Zurück zum Bahnhof gingen wir zu Fuss. Niemand sagte ein Wort. Daheim in Dillingen fragte mein Schwiegervater: «Na, hat es geklappt?» Ich sagte bloss: «Euer Sklave hat nicht unterschrieben.» Er ging wortlos aus dem Zimmer. Genauso Heidi. Weinend verliess sie das Haus.

Nun war ich mit der Schwiegermutter allein. Mit ihr und drei kleinen Mädchen. Ich sagte: «Zum Teufel, schick diese Gofen nach Hause. Es muss ja nicht das ganze Dörflein hier zum Fressen kommen.» Sie meinte nur: «Hat Heidi dir nicht reinen Wein eingeschenkt? Die Kinder sind hier zu Hause.»

Ich runzelte die Brauen. «Ja, Werner, weisst du denn nicht, wem die Mädchen gehören?» Ich schüttelte ratlos den Kopf. «Also, Werner, setz dich. Wenn du es nicht weisst, muss ich es dir sagen. Die Grösste ist deine Heidi (4), die Kleinere ist deine Sonja (3). Es sind deine Kinder – die Kinder deiner Heidi. Die kleine Gaby, die gehört meiner Tochter Myrtha.»

Mamma mia.

Heidi kam in dieser Nacht nicht mehr nach Hause. Vom Schwiegeralten bekam ich auch nichts mehr zu sehen. Am Morgen sagte ich zur Schwiegermutter, sie solle mir etwas einpacken, ich gehe mit Peter spazieren. Um 9 Uhr zog ich mit diesem Giel – meinem Sohn, im Kinderkarren eingepackt – der Donau entlang. Um die Mittagszeit kehrten wir ein. Die Beizerin war so nett und wärmte mir den Schoppen auf. Der kleine Giel war friedlich. Pfuuste die ganze Zeit. Ich hätte ja schon meinen Stolz gehabt. Ich genehmigte mir noch ein Bier, dann zogen wir wieder los. Den gleichen Weg der Donau entlang retour. Kurz vor Dillingen kreuzte der Mercedes wieder auf. Der vom Vortag. Und wer sass drin? Die Heidi natürlich.

Jetzt war mir alles klar. Ich lieferte Peter bei meiner Schwiegermutter ab, ging Bier kaufen – und sah Heidi schon wieder. Von weitem, aber unübersehbar. Sie war schnell verschwunden. So sass ich mit meinem Bier bei der Mutter auf der Terrasse. Sie klagte, dass sie von Heidi nichts kriege für das Hüten der drei Kinder und dass Heidi tage- und nächtelang nicht nach Hause komme. Ich gab ihr 100 Mark.

Nach dem Abendessen machte ich den Abwasch, damit die Schwiegermutter die Gofen zu Bett bringen konnte. Dann vertilgten wir auf der Terrasse das restliche Bier. Die Mutter weinte sich aus. Heidi und der Schwiegeralte blieben weg. Ich hinterliess Heidi einen Brief mit der dringenden Bitte, zurück zu mir nach Hause zu kommen. Um ihr Beine zu machen, drohte ich ihr, kein Geld mehr zu schicken, und gab ihr drei Monate Zeit. Samstagmorgen um acht fuhr dann mein Zug. Die Schwiegermutter nahm Peter mit zum Bahnhof. Es ist mir schwergefallen. Und das alles wegen dem roten Pass. Myrtha hatte es Heidi vorgemacht. Sie hatte einen Zahnarzt eingewickelt. Er musste noch mehr brennen als ich.

Nachspiel

Anderthalb Monate später bekam ich ein Einschreiben. Heidi hatte die Scheidung eingereicht. – Was kam noch alles auf mich zu? Hatte ich einen Pakt mit dem Teufel geschlossen?

Gottseidank hatte ich noch die Arbeit. Ich merkte gar nicht, wie ich mich in die Arbeit verbiss, um zu vergessen. Die Aufträge wurden immer grösser und vielseitiger. Als San.-Monteur und Heiziger zugleich war ich doppelt gefordert. Damit ich noch schneller war, mussten mir Urs und Peter, die Söhne vom Boss, beim Röhrenstreichen helfen. Klar, hatten sie am Anfang mehr von der roten Mennige im Gesicht als an den Rohren. Aber wozu hatten wir Nitroverdünner?

Einen Aussöhnungsversuch lehnte Heidi ab. Also ging es gleich zum Prozess. Sie wollte mich obendrein einklagen wegen Alimentenversäumnis. Aber ich konnte meine Zahlungen genau belegen. Dagegen wurde sie tüchtig gerügt, weil sie mir ihre beiden Mädchen aus früheren Verbindungen verschwiegen hatte. Auch die Firma Renner & Co. wurde entsprechend gerügt. Die wollten von mir 1000 DM wegen Verletzung meiner Vertragspflicht.

Das Urteil lautete wie folgt: Monatlich 600 Franken bis zu Peters Schulaustritt. Also bis sechzehn. Falls er eine Lehre machen sollte, bis zwanzig.

Zwei Jahre später schrieb mir Heidi einen langen Brief. Sie bat mich um Entschuldigung für ihr damaliges Verhalten. Sie schrieb, sie wolle wieder heiraten. Ob ich bereit sei für eine Namensübertragung. Ich gab ihr grünes Licht, mit dem Vorbehalt, wenn sie wieder heirate, zahle ich für Peter nur bis zum Schulaustritt und dann Schluss. Sie war einverstanden. (Wie kann man so dumm sein.)

Als Peter schon erwachsen war, kam er einmal zu mir nach Spiez auf Besuch, mit seiner Freundin, einer Ostdeutschen (damals noch). Und was wollte er? Dreimal darf man raten. Natürlich Geld. 15 000 Franken. Er sagte, er sei blau gewesen und habe mit dem Motorrad Scheisse gebaut, mit tödlichem Ausgang. Ich sagte ihm, er solle zum neuen Alten. «Mein Name ist Bruni, und deiner ist Wolfram. Du wohnst in Ravensburg und ich in Spiez. Uns verbindet nur noch die Erinnerung, und die will ich loswerden. Es tut mir leid.» Und wieder endete eine Ära, bei der ich Haare gelassen hatte.

Ich war also wieder ledig (mit einem kleinen Makel). Die Angst vor der Scheidung brauchte mich nicht mehr zu plagen. Ich konnte mich wieder voll der Arbeit und meinem Eigenen widmen. Die Zeit verging im Flug. Die Arbeit machte mir

Spass. Mit Elan ging ich an jedes neue Projekt. Was wohl als Nächstes kommen würde?

Leuk

Mehr als einmal prüfte mich das Leben härter als nötig. Zum Beispiel in der Leuk (Wallis), als es mir die Visage verbrätschte. Ich war an eine andere Firma ausgelehnt: für den Bau eines Mehrfamilienhauses, das später der Bund übernahm. Wie das Haus fertig aussah, weiss ich nicht. Als es noch im Rohbau war, kam kurz vor der Mittagszeit ein Lastwagen und brachte Eisenrohre. Ich sagte zum Kranführer, er solle sie noch schnell abladen. Ich hole die Seilstruppen und hänge ein, und wie ich dem Kranführer das Zeichen gebe zu ziehen, gibt es einen Ruck…

Erst im Spital Visp erwachte ich wieder. Wie lange ich weg war, haben sie mir später berichtet. Vier Tage künstliches Koma. Aber die Pumpe hämmerte noch.

Kaum war ich wieder recht bei Bewusstsein, sagte ich: «Die Schläuche reisse ich mir alle aus dem Leib.» Lange überlebt hätte ich das nicht. Aber war das ein Leben, das mir bevorstand? Mit diesem Gesicht? Als ich die Bilder sah, ohne Verband, fragte ich den Doktor ein paarmal: Darf ich je wieder unter die Leute?

Ich hatte mich abgeschrieben und wollte nicht mehr. Der Doktor sagte, ein Haken des Krans habe ausgehängt. Zweieinhalb Kilo Stahl hatten mir den Kopf zerschmettert. Ein doppelter Schädelbruch, ein ungeheures Loch im Grind hinten, ein doppelter Kieferbruch (ein normaler Bruch links und ein Splitterbruch rechts). Kein Zahn mehr, nur noch ein Loch.

Nach drei oder vier Operationen schickten sie mich noch drei Tage ins Universitätsspital Lausanne für eine Operation. Dann war ich wieder in Visp.

Gottseidank war das Personal rund um die Uhr um mich herum. Zehn Wochen lang wurde ich künstlich ernährt und hinten und vorne versorgt und betreut. Schliesslich wurde ich provisorisch entlassen. Es waren harte Zeiten, und meine Brüder und Schwestern haben wenig oder nichts mitbekommen. Macht auch nichts, wenn ich ihnen meine Fratze nicht zeigen musste.

Der Mutter sagte ich, sie solle es nicht an die grosse Glocke hängen. Aber es kümmerte sich sowieso niemand drum. Niemand. Der Werner schaut dann schon. Er hat einen schönen Lohn. Gewiss, der Bruni Werner kommt schon zurecht.

Mit der Zeit kam es ja fast wieder gut. Wie mit zwanzig in der Rekrutenschule sehe ich sowieso nie mehr aus. Im Oberkiefer trage ich seither eine Prothese. Unten, im zerschmetterten Unterkiefer kann ich bis heute keine Zähne mehr tragen. Es steckt eine Eisenplatte drin. An ihr hält überhaupt nichts (auch nicht mit Kukident). Sehen tut man nichts. Ich habe mich daran gewöhnt und bin sehr dankbar, dass ich dem Teufel nochmals vom Karren gesprungen bin. Doch der Teufel verlangt seinen Preis. Ich muss auf den Felgen beissen. Immerhin kann daran nichts mehr kaputtgehen. Dem Gebiss oben traue ich nicht mehr lange. Nach über dreissig Jahren hat es sich gelockert. Im «Thuner Anzeiger» habe ich gelesen, bei einer Gebissärztin könne man das vulkanisieren, damit wieder etwas mehr dran ist. Es ist so durchsichtig geworden mit der Zeit, dass es beim nächsten Biss in Stücke brechen kann.

Kürzlich fragte ich im Spital nach, ob ich für dieses Buch die Unterlagen von damals haben könne. «Wie lange ist das her?», fragte die Frau am Telefon. «42 Jahre», sagte ich. Sie lachte: «Das können Sie vergessen. Wir sind hier ein Spital – und nicht ein Museum.»

R.

Kaum wagte ich mich mit meiner Visage wieder auf die Strasse und an die Arbeit, schnitt ich mir in den Finger, gab zu wenig acht und machte eine Blutvergiftung. Eine Bagatelle, aber eine mit Folgen. Ich wurde wieder krankgeschrieben. Weh tat es bald nicht mehr, und der Grind liess es nicht zu, dass ich zu Hause herumkauerte. Halbtags werkte ich bei Hauenstein im Magazin – die restliche Zeit vertrieb ich mir in der «Linde» in Steffisburg. Wie das zwischen Stammgästen und Serviererinnen so geht, man kommt ins Gespräch, und bald hatte ich eine neue Freundin. Wenn R. nicht servierte, pflegte sie alte Leute im Asyl Gottesgnad in Spiez und hatte natürlich häufig Nachtwache.

Ich wohnte damals noch immer mit meiner Mutter. Das wurde immer problematischer, je näher R. und ich uns kannten. Mit 34 wurde es Zeit für eine eigene Wohnung. Also machten wir uns auf die Suche und fanden etwas in Spiez. Im neuen Neumatt-Quartier. Am 20. Januar 1970 zogen wir ein, und bald darauf heirateten wir. Die Hochzeit war zum Vergessen – mit R.s Schulden!

Damit begann wieder eine neue Epoche. R. arbeitete weiter in ihrem Asyl, und ich blieb Hauenstein Walter treu. Morgens um sechs fuhr mein Zug von Spiez nach Thun. So konnte ich noch vor 7 Uhr auf dem Bau sein. Mein Militärvelo stellte ich am Bahnhof in die Ständer.

In den ersten Jahren hatten wir es gut. Wir unternahmen

dieses und jenes zusammen, gingen auch ein paarmal in die Ferien: nach Tunesien, nach Marokko, nach Rumänien, dreimal nach Kenia. Das Geld dafür hatte ich uns ehr- und redlich erkrampft. Doch bald wurde klar, wie wenig uns miteinander verband. Sie hatte keine Interessen. In Kenia blastete sie am liebsten im Liegestuhl, schlief oder schaute hinaus in den Pool, mit einem Drink in der Hand. Mich zog es fort. Zu den Tieren in die Wildnis und zu den Massai mit ihren Herden. Der schwarze Mann hat mir nie nichts getan. Aber R. hatte Schiss. Zu Recht. Gegen sie hätten die stolzen Krieger den Spiess umgedreht.

Ungewohnt gewohnt

In der Zeit, als ich R. kennen lernte, wurde Mutter so schwach, dass sie ins Altersheim musste. Ich war gerade daran, in der Alterssiedlung der Esther Schüpbach Stiftung am Ortbühlweg in Steffisburg das Sanitär zu installieren. Hauenstein sagte mir, ich solle mal ein Musterwönigli fertig machen. Damit wir etwas zeigen könnten. Dreimal ging ich mit der Mutter hin. Das dritte Mal kam der Chef mit. Er rechnete ihr vor, wie viel ihr noch rausschaute neben der AHV. Sonst hatte sie ja nichts. Eine Witwenrente bekam sie nicht. Wir waren teuflisch unterversichert. Was wir hatten, war das «Gelbe Heftli». Man konnte es kombiniert mit einer Versicherung abonnieren. Was sie daraus bekam, reichte gerade fürs Altersheim.

Zum ersten Mal hatte sie Heisswasser. In unsere frühere Wohnung in Steffisburg war ich nie gern nach Hause gekommen. Das waren Zustände. Der Abtritt war zuhinterst auf der Laube gewesen, mit einem runden Deckel, und weit darunter einfach ein Loch, tief unten im Erdboden. Das Papier schnitten wir aus dem «Anzeiger», wenn er ausgelesen war. Die Bitze hingen an einem Fleischhaken an der Wand. Wenn einer danebentraf, fror im Winter der Deckel an. Das Wasser zum Waschen mussten wir in der Pfanne heiss machen. Die Küche hatte einen Schüttstein aus Steingut. Daneben ein Brett auf einem Laden. Das war unser Abtropfbrett. Von einem Bad und einer Dusche wussten wir nichts. Später konnte ich in der Bude duschen.

Metzger Däppen, dem das Haus unterdessen gehörte, hatte nichts dran gemacht. Türen und alles war kaputt. Als Mutter wusste, dass sie ins Altersheim ging, sagte sie: «Komm dann mit einem Beil. Du kannst mir die Schränke wegräumen.» An denen in der Kammer war kein Schloss mehr dran. In einem Zimmer hatten wir eine Chiffoniere mit einem Zieraufsatz, für Bänder, Mützen und andere Putzsachen, mit denen sich früher Frauen aufputzten. Aber die Wohnung war so niedrig, dass der Zieraufsatz keinen Platz fand unter der Decke. Am nächsten Samstag kam ich mit dem nötigen Werkzeug, um das Zeug zu zerhacken. Meine Mutter lachte, als sie mich sah: «Du bist zu spät», sagte sie. «Es kam schon ein Trödler vorbei. Er fragte nach alten Möbeln.» Sie habe ihm die zwei Schränke verkauft. Für einen gab es 35 Fränkli, für den anderen sogar 50. «Gottseidank», sagte ich, «nun ist der Saubruch endlich fort.» Der nächste Käufer bezahlte wahrscheinlich einiges mehr. Aber Mutter hätte die Dinger sicher nicht mitnehmen können.

Im Vergleich zu Steffisburg war die Wohnung in der Esther Schüpbach Stiftung richtig chic. Ganz modern, auf dem neuesten Stand. Ich fürchtete schon, Mutter könnte sich nicht gewöhnen an das Neuzeitliche. Aber es gefiel ihr artig. Sogar sehr gut, sie konnte sich auch etwas gönnen. Zu Weihnachten kaufte ich ihr jeweils das Halbtaxabo bei den SBB. Nun machte sie endlich die Reislein, die sie sich immer gewünscht hatte.

Gerne war sie auch mit dem Car unterwegs. Zum Beispiel in die Käserei in Affoltern, um die Sachen anzuschauen. Hier gabs einen Mocken Käse, dort sechs Eier und dort ein Büchslein Honig. Heute sind das ja Vagantentouren. Ich sagte zu ihr: «Mutter, gönn dir das Reislein, ich zahl es dir gerne. Das kostet vielleicht 20 Fränkli. Aber bestell bloss nichts. Da wollen sie die alten Froueli zum Kaufen überreden: Heizkissen, Rheumadecken und solchen Humbug.» Mutter sagte jeweilen zum Verkäufer: «Ich darf jetzt nichts kaufen, ich muss erst den Jungen fragen.» Sie brachte die Sachen heim, die es gratis gab. Bestellt hat sie nichts. Sie war ein undankbarer Gast für die Schlangenfänger. Mit der Mutter bin ich prima gefahren.

Dienst

Im Februar 72 war ich erstmals in die Landwehr nach Meiringen aufgeboten. Die Rekrutenschule und acht WK hatte ich hinter mir. Auf Anraten des Hausarztes rückte ich mit einem Arztzeugnis ein. Als Erstes gings zum Truppenarzt. Er erklärte, mit dem kaputten Rücken könne ich keinen Dienst leisten. Also zurück nach Hause. Zwei Monate später kam ein Aufgebot zum UZ (Untersuchungszimmer), morgens um acht, und um neun war ich dienstfrei. Das heisst untauglich. Das störte mich ein wenig. Schliesslich hatte ich RS und meine acht WK hinter mir, Ehrendienst General Guisan und einen Hochgebirgskurs, der nicht angerechnet wurde.

Doch das war noch nicht alles. Im gleichen Frühling bekam ich das Aufgebot für den Zivilschutz, den ich gleich hinter mich brachte. Doch schon im Herbst musste ich wieder einrücken. Instruktionskurs, hiess es. In Lyss, Kanton Bern. Eine ganze Woche Theorie, Übungen, Vorträge, Abendaufgaben, Befehlsgebung proben etc. Schliesslich, Samstagmorgen antreten in Zivil. Urkundenübergabe. Abtreten: mit sehr gut bestanden. Basta.

So leistete ich noch zwölf Jahre Instruktorendienst. Das brachte mir auch vieles, zum Beispiel viele Freunde und Kollegen, zum Teil auch bessere Herren, die mit mir Dienst tun mussten. Aus dem ganzen Berner Oberland, aber auch aus dem ganzen Kantonsgebiet. Ich gewann einen Bekanntenkreis und ein Ansehen, das ich bis heute geniesse.

Krampfen

Mit Urs – Chefsohn und mein Lehrbub – ging es erstaunlich gut. Er war bei der Sache und ein aufmerksamer, lernwilliger Bursche. So kamen wir sehr gut voran. Am Mittwoch war er den ganzen Tag in der Gewerbeschule. Ich nutzte die Zeit für Arbeiten, bei denen ich keinen Zuschauer brauchte.

Ürsel und ich, wir zogen daraus beide unsere Vorteile. Ich wusste immer, wann der Chef Baustellenbesuche machte, und Urs konnte in der Zwischenzeit das Löten mit der Schweisserei statt mit der Lötlampe üben. Wir waren gut eingespielt. Ich stresste ihn auch nie, im Gegenteil, ich liess manchen Fünfer gerade sein. Aber am Freitag machte ich Werkzeugkontrolle. Wenn etwas fehlte, musste Urs auf die Socken, bis alles komplett war. Wenn es so weit war, genehmigten wir uns ein Bier und machten beizeiten Feierabend.

Ende des zweiten Lehrjahres von Urs fragte mich mein

Chef, ob ich einverstanden sei, für etwa sechs Wochen auf die Grimsel zu gehen. Sie fänden sonst keinen, der diese Büez könne. Fast zwei Monate war ich schliesslich da oben. Es handelte sich darum, ein Barackendorf zu installieren, an der Gerstenegg, direkt unterhalb der Staumauer. Die Bauherrschaft war ein Konsortium, bestehend aus den Firmen Frutiger, Losinger, Schmalz und Zschokke: alles grosse Stollenbaufirmen. Von der Gerstenegg aus bauten sie Stollen, um das überflüssige Wasser abends wieder in den See hochzupumpen.

Mein Chef versprach mir wie immer bei solchen Sondereinsätzen einen Speziallohn und grosszügige Spesen. Ich sagte zu. Die WCs, Lavabos und Waschrinnen sowie Boiler und Durchlauferhitzer bekam ich vom Kraftwerk Realp, Uri, wo damals gerade ein Barackendorf aufgehoben wurde. Ich baute alles mit gebrauchter Ware, zum Teil war sie auch defekt. So musste ich wohl oder übel improvisieren und löste meine Aufgaben mit Fantasie.

Als das Barackendorf fertig war, kam ich draussen im Stollenbau zum Einsatz. Nach jeder Sprengung, sobald der Schutt rausgeräumt war, musste ich die Wasserleitungen zu den Felsbohrmaschinen verlängern und anschliessen. Das Wasser wurde gebraucht, um die Bohrer zu kühlen und das Bohrmaterial abzuführen. Jede Rohrstange musste Wasser haben. Das war eine richtige Mohrenbüez in dem Schlammwasser. Jedes Mal war ich von Kopf bis Fuss voll Dreck, trotz dem Ölanzug. Und das fast alle zwei Tage. Klar, ich konnte schon duschen, schaute schon, dass ich Wasser hatte und einen guten Schlag, eine Unterkunft, genau gleich wie die Ingenieure. Denen machte ich auch den Schleck.

Eines Tages sagte ich: «Morgen, Freitag, zügle ich das Werkzeug weg. Ich lasse den Chauffeur kommen. Nächste Woche beginnt es nämlich zu schneien. Dann kommen wir mit dem

Lastwagen nicht mehr hinauf.» «Kannst dir vorstellen. Das kommt noch nicht», sagten die Ingenieure. Ich sagte: «Meine Herren Ingenieure, können wir trotzdem abrechnen? Wenn ihr mal einen Augenblick für mich habt, solltet ihr die Rapporte unterschreiben.»

Als ich die Unterschriften hatte, fragte einer der Ingenieure: «Werner, bist du zur Freude hierhergekommen?» Ich: «Aber sicher nicht, auf diesen Nebelhoger komme ich keinen Tag freiwillig.» «Na also», sagte der Ingenieur. «Dann schreib die Rapporte nochmals. Schreib sechzehn Stunden pro Tag. Das hast du verdient.»

Jawohl, das hatte ich redlich verdient – und viel gelernt, was anderen verborgen blieb. Am Montagmorgen nach dem Abrechnungstag lagen 30 Zentimeter Neuschnee. So hatte ich auch diese sechs Wochen überstanden. Hier in den Bergen eröffnete sich mir ein ganz neues Gebiet. Die Berge mit ihren Druckwasserstollen. Mit Hähne flicken und Radiatoren montieren war das nicht zu vergleichen.

Geschäftsreisen

Hauenstein wuchs wie kaum eine zweite Bude in der Region. Der Chef nutzte jede Gelegenheit zum Feiern seines Erfolgs. Zum Zehnjährigen lud er die ganze Belegschaft nach Tunesien ein. Vierzehn Tage in Hammamet. Das Hotel hiess «Furati». Die Stifte, also die Lehrbuben, bekamen frei. Auch einige Geschäftsherren kamen mit uns Büezern. Es war herrlich.

Als einzige Frau war die Sekretärin des Chefs an unserem Tisch mit dabei. Ich wusste kaum, wie man das alles essen sollte, was da auf den Tisch kam. Vier, fünf Gabeln und nochmals so viele Löffel und Messer. Gewiss, ich wusste, man nimmt eins ums andere beidseits von aussen nach innen, aber na ja. Die andern waren genauso unsicher. Einmal hatten wir zur Vorspeise Artischocken. Zwei meiner Nachbarn am Tisch zersäbelten das Zeugs und assen die Blätter. Die Sekretärin sagte ihnen, sie brauchten die Blätter bloss abzuziehen und das Weiche auszusaugen. Beim Tintenfisch nachher fand ich, das sei ja mehr eine Suppe. Darauf bestellte sie mir ein Couscous…

Geflogen waren wir mit einem Flieger der Globe Air. Einer Bristol Britannia 303. Die Maschine stürzte dann in Nikosia ab. Was darüber in der Zeitung stand, verfolgte ich bis zum Schluss. Nach Tunesien flog ich noch mehr als einmal, auf eigene Faust.

Zum Zwanzigjährigen gings an die Playa del Inglés auf den Kanarischen Inseln. Einer knurrte, man sollte die Frauen mitnehmen können: «Wir waren ja öfter zusammen fort, und mit den Frauen wäre es mal was anderes.»

«So nehmt halt die Frauen mit», meinte der Chef: «Und wer eine zweite Woche bleiben will, soll selber bezahlen.» Der eine oder andere nahm die Freundin mit. Auch für die hätte der Chef zahlen sollen. Tat er aber nicht: «Ich weiss ja nicht, ob du sie heiratest. Ich zahle nicht.»

Oh, das war ein Ding, als die Weiber mitkamen! Ich weiss es noch, als wäre es gestern gewesen. Am ersten Morgen gingen sie gleich an den Strand. Und zwei von der Sorte, die meinten, sie seien mehrbesser als die andern, trugen den gleichen Bikini. O du Heilandsdonner. Das gab ein Theater. Und dann, beim Frühstück, hechelten sie uns durch.

Der Chef, der Mathis Fridel und ich, die engsten Kollegen, wir schütteten ja manchmal schon einen hinter die Binde. Da hiess es dann: «Der Stucker Fritz war sternhagelvoll letzte Nacht, und der Alte hat auch genug gehabt.» Uuuh, das war ein Gerede. Mit Frauen. Einmal und nie mehr. Doch wie auch immer: Das waren Höhepunkte in der Bude. Dafür brauchte dann keiner wegen mehr Lohn stürmen zu wollen. Wir Büezer waren im Schweizerischen Metall- und Uhrenarbeiter-Verband. Aber das galt beim Chef gar nichts. Er sagte bloss: «Die Gewerkschaft geht mich einen Scheissdreck an. Ich bin im Grossindustriellenverband. Und zudem zahle ich Leistungslöhne. Willst mehr verdienen? Kannst etwas mehr werken.» So fuhr er dir kurz übers Maul. Da hast du gewusst, wie und wann.

Zurück aus Hammamet, wurde Haus um Haus, Block um Block installiert. Urs war Ende des dritten Lehrjahres, als ich an der Monteurversammlung sagte, ich fände es nicht gut, wenn ein Lehrling die ganze Lehre beim gleichen Monteur mache. Das hatte allen eingeleuchtet, obschon ich mich nicht gerne von Urs trennte. Aber es sollte zu seinem Guten sein. So kam er zum ältesten Monteur, zu Stucker Fritz, der alles sehr genau nahm und als der beste Monteur bekannt war.

Nun bekam ich den Auftrag, den Hotelneubau «Holiday Inn» zu übernehmen. Meine erste ganz grosse Herausforderung. Wenn das nur gut geht, dachte ich. Und es ging gut. Es folgten weitere Grossprojekte. Die Weissenburger AG in Därstetten, die Arkina SA in Yverdon, der Grossbau «Adler» und zwischendrin der Umbau «Seerose» und der Neubau «Hecht», alle in Faulensee.

Oft krampften wir bis nachts um zehn oder elf. Wenn man keinen Lärm mehr machen durfte, wegen Nachtruhestörung, zeichneten wir an, was noch ging im trüben Baustellenlicht. Mehr als einmal hat uns die Polizei vertrieben: «Was macht ihr jetzt noch?» – «Werken. Das seht Ihr ja selber.» – «Ihr wisst genau, dass ihr das nicht dürft.» Ich gab zurück: «Mich könnt Ihr nicht büssen. Geht zum Chef.» Er konnte das Ding noch jedes Mal deichseln.

Wenn wir irgendwo mal im Druck waren, kam er: «Wie seid ihr dran?» Als gelernter Kaufmann hatte er ja keine Ahnung von Sanitärinstallation. Kaufmann ist er gewesen vorher.

«Das reicht nie bis Ende Woche», sagten wir. – «Und wenn ihr noch zwei Zacken zulegt? Eine Stunde länger macht?»

Wir krampften wie die Peier-Esel. «Wenn ihr zu Ende kommt, wenn ihr am Samstag noch das Werkzeug auf die neue Baustelle verschiebt, dann sehen wir uns im ‹Adler› wieder. Für jeden 300.» Das waren 300 Fränkli Sackgeld, von denen niemand ausser uns etwas wusste. Das war schwarz.

Ich bin sehr gut gefahren mit meinem Chef. Nicht, dass wir uns duzten. Nur wenn er oder ich einen roten Äcken bekam, war ich sofort per Du und liess ich nichts auf mir sitzen: «Wenn du meinst, du kannst machen mit mir, was du willst, muss dir jemand sagen, was recht ist. Und der jemand bin ich! Wenn dir etwas nicht passt, fange ich nächste Woche gleich bei einem anderen an.» Warum sollte ich alles schlucken von ihm, bloss weil er er war? Am nächsten Morgen kam dann jeweilen ein Telefon, ganz höflich: «Sie, Herr Bruni, das war dann nicht so gemeint...»

So war das damals noch. Damals hiess es auch noch, wenn du eine Stelle wolltest: «Machst du Militär?» Sagtest du Ja, war es gut. Hast die Stelle bekommen. Wer nicht militärpflichtig war, war nur ein halber Mensch. Und schon gar kein Mann.

Dann schrieben wir das Jahr 1979

Der Alltag ging weiter. Arbeit hatte ich mehr als genug, und am Samstagnachmittag konnte ich mir einen Jass gönnen, im «Bären» Spiezwiler, meistens mit den gleichen Partnern. Es war immer urgemütlich. So auch am 28. April. Um 6 Uhr abends ging ich nach Hause. R. war gerade daran, einer Hausbewohnerin die Haare zu frisieren. Das war ein Hobby von ihr. Ich machte es mir vor dem Fernseher gemütlich, ein Bier neben mir, und wartete auf die Lottozahlen. Da kamen sie. Ich schrieb sie auf den Zeitungsrand. Dann holte ich meinen Lottozettel und kreuzte an. 11, 40, 29, 2, 33, 15. Zusatzzahl 31.

Ich konnte es nicht glauben, ich hatte alle sechs Zahlen richtig. R. war immer noch beim Frisieren. Ich schaute noch mal, und noch mal. Dann wartete ich am Telefon, bis die Zahlen endlich durchgegeben wurden, und es hiess: «Ein Gewinner mit sechs Richtigen.»

Jetzt erst kapierte ich langsam, um was es ging. Ich hatte über eine Million gewonnen. Eine Unrast nahm mich in Beschlag. Ich rotierte herum, ging nach draussen, eine Zigarette, dann wieder in die Wohnung, auf den Balkon, wieder hinein, den letzten Schluck Bier. Dann kam ich langsam, langsam zur Beruhigung. Zur Besinnung. 1 Million Schweizer Franken.

Inzwischen war R. fertig geworden. Sie und ihre Kundin kamen beide ins Wohnzimmer, tranken Tee, assen Güezi und palaverten. Auf einmal sagte R.: «Was ist mit dir los, du hast ja den Schlotter, wie ein alter Mann, und einen zündroten Grind.» Dann weihte ich die zwei ein, unter dem Eid zum Stillschweigen.

Zu dritt assen wir Znacht und genossen es. Anschliessend machten wir einen Spaziergang, rund um den Stausee in Spiez, und konnten beim besten Willen den «Bären» nicht auslassen. Bevor wir nach Hause gingen, genehmigten wir uns noch eins – bloss schade, dass Mutter das Glück nicht mehr mit uns teilen konnte. Sieben oder acht gute Jahre hatte sie in der Esther Schüpbach Stiftung gelebt. Mit 78 war sie gestorben. Nur wenige Monate vor diesem grossen Tag.

Der Sonntag verlief ruhig. R. hatte Nachtdienst, musste um 7 Uhr abends anfangen. Montag ging ich normal zur Arbeit, versuchte aber ein paarmal, meinen Chef anzurufen. Ergebnislos. In Spiez genoss ich das Feierabendbier im Restaurant Heimat. Auf dem Tisch lag der «Blick». In Grossbuchstaben hiess es: «Einer nahm alles. 1,7 Millionen». Der eine war ich. Bruni Werner. Es kümmerte mich nicht.

Dienstagmorgen kaufte ich den «Blick». Blödsinnig, diese Schlagzeilen. Es drehte sich alles um mich. Alle wollten es wissen: Wer ist der Lottokönig? Rundum wurde vermutet, geredet und geschrieben. Einmal war ich ein Zürcher, einmal ein Walliser, einmal ein St. Galler. Einmal war ich ein Kind etc. Von Bruni Werner wusste noch niemand etwas. Endlich, am späten Nachmittag erreichte ich den Chef. Aber nur auf dem Beantworter. Nach Feierabend ging ich wieder in die «Heimat», gönnte mir wieder ein Bier und hörte mir an, was sie an den Stammtischen sagten. Plötzlich stand unser Sanitärzeichner, Schenk Hansruedi, hinter mir und sagte, ich müsse sofort mitkommen. Alle dachten, es sei ein sanitärer Notfall. Einer sagte noch: «Achtung, Werner hat wohl wieder Nachtarbeit.»

Unterwegs im Auto gratulierte mir Schenk und sagte, der Chef erwarte mich in der Skifabrik Rebell, die er kürzlich gekauft hatte. In der Attikawohnung im obersten Stock hatte Hauenstein sein Büro. Als wir zum Lift kamen, stand schon ein Fotograf bereit. Aber ich wollte nicht fotografiert werden. Ich weigerte mich. Wir fuhren mit dem Lift nach oben, aber da stand schon wieder so ein Knipser. Wir gingen ins Büro. Der Chef gratulierte mir, und ich konnte mich nicht mehr wehren vor der Knipserei. Ich musste ein paar Fragen beantworten. Der Rest lief über meinen Chef. Er also hatte das angekurbelt. Er hatte es ausgeplaudert. Am andern Morgen stand es gross im «Blick»: «Der König und sein Chef». Wir beide mit Bild und unsere Namen dazu. Walter Hauenstein und Werner Bruni. Das war ich. Im gleichen Hemd, das ich auch heute wieder trug.

Ab jetzt war der Teufel los. Für mich war es ein Spiessrutenlaufen. Jeder wollte mir gratulieren. Einer wollte das, ein anderer jenes wissen. Ich wurde umringt.

1 696 335.90 Franken

Genau so viel hatte ich gewonnen. Von Basel bekam ich die Abrechnung. 1 086 325.95 Franken netto mit Cheque Nummer 086525. Ein sehr gutes Drittel musste ich abgeben. Am Ende blieben mir 729 386 Franken. Nach Bezahlung der Steuern, nach der Rückerstattung. Die Demokratie nimmts auch von Königen.

Jetzt kam noch ein zweites Dilemma. Die Banken damals hatten die Kiste voll Geld. Meine Million brauchten und wollten sie nicht. Ich hätte es bei mir in die Matratze stopfen müssen. Allein dank meinem Chef konnten wir es unterbringen. Zu einem Zins von einem mageren halben Prozent. Also überzeugte er mich – überredete er mich zu diesem Block, dem «Zwölfer».

Meine Träume

Oft wenn ich im Lottostübli meine Zahlen einreichte, hatte ich mich gefragt: Was würde ich tun, wenn ich morgen eine Million gewinne? Eine Kinderfrage für Erwachsene. Eigentlich war die Antwort klar. Ich wollte nicht bis 65 krampfen. Ich hatte Ferien bitter nötig, weil der Rücken schon damals angeschlagen war und auch sonst alles Mögliche. Das kam von den Gussradiatoren und Gussbadewannen, die man fast gar nicht tragen konnte. Und dann meinte man, man müsse die Sauerstoffflasche allein hochtragen. Das drückte auf die Knochen. Das gab harte Haut an den Fingern und hie und da eine Blutblase. Da bleibt nicht viel übrig von einem am Ende. So ein Baumatrose wird auch heute noch nicht alt. Wenn er bis 65 werken muss, bringt er es vielleicht gar nicht so weit und hat nichts mehr von der Pension.

Darum. Mit dem Geld wollte ich vielleicht wenigstens ein paar Jahre früher aufhören. Und vielleicht noch das eine oder andere Ländlein besuchen. An ein Auto dachte ich nicht im Traum, weil ich nicht fahren konnte. Was sollte ich noch einen Ausweis machen, in meinem Alter. Für mich wärs schad fürs Geld, dachte ich, wenn ich mir so ein Riesenauto anschaffte. So ein teures. Das machte wirklich keinen Sinn. Mein Militärvelo liess ich reparieren. Das machte Sinn. Damit es noch ein paar Jährchen hielt. Das Velo hält fit und kommt am billigsten.

Von einem Häuschen träumte ich, einem ganz einfachen, mit einem Gärtchen. Ich wollte niemanden gluschtig machen. Ich war ein gewöhnlicher Arbeiter und bin dann auch ein gewöhnlicher Arbeiter geblieben. Dass mir trotzdem nichts geblieben ist – gar nichts, nur mein Arbeiterdasein –, das habe ich mir allerdings nicht vorgestellt. Schliesslich hatte ich einen Berater.

Der König und sein Chef

Hauenstein mit seinem Baugeschäft musste wissen, wie man mit Geld umgeht. R. und ich vertrauten ihm voll. Nach seinem Rat legten wir die ganze Summe auf ein gemeinsames Konto mit Doppelunterschrift. So konnte der eine mit dem Geld nichts anfangen, wenn der andere nicht einverstanden war. Das Geld war so gut angelegt, wie das damals überhaupt ging. Der Chef schien mir ja mit Finanzen vertraut wie kaum ein Zweiter. Verjubelt wurde da vorläufig gar nichts. Er suchte mit mir ein Projektlein aus, damit ich etwas Eigenes habe.

Schon bald offerierte er mir den «Zwölfer». Zwölf Familien in einem grossen Block, den er soeben in der Sonnmatt in Spiezmoos erstellte. Er sagte, dieser Zwölfer sei bereits verkauft, an einen Herrn Mäser aus Bern, die Verschreibung sei für nächste Woche abgemacht, aber er habe mit ihm geredet, und Mäser sei grosszügig zu meinen Gunsten zurückgetreten. So hat es mir mein Chef gesagt. Möglich ist es ja.

Ich fragte: «Ist so ein Zwölfer nicht etwas gross?» Der Chef sagte: «Das ist relativ.» Je grösser das Haus sei, umso besser werde die Verzinsung für mich. Der Bankzins lag damals bei 4 Prozent, und Hauenstein errechnete bei relativ günstigen Mietzinsen eine Bruttorendite von 5,32 Prozent.

«Besprich es mit deiner Frau, schlaf mal drüber, es ist an dir», sagte er. Einen Tag später war ich Besitzer eines nigelnagelneuen Zwölffamilienhauses, mit null Ahnung.

«Schön ists», sagte R., als wir es uns anschauen gingen. Einmalig. Ein ganz schöner Block, der Zwölfer. Ich war genauso begeistert wie sie. Ganz sicher. Ich hatte auch genügend lange da drin gewerkt. Die ganzen Leitungen hatte ich installiert. Und jetzt gehörte das alles mir ganz allein. Für 1,95 Millionen, inklusive Garagen. Mit Aussicht auf einen steigenden Wiederverkaufspreis. Hauenstein sagte: «Der freie Markt hätte mehr geboten.» Das weiss ich noch ganz genau, dass er das sagte, weil ich den Film nochmals schaute, den Christoph Müller damals für das Fernsehen gedreht hatte.

Der Chef rechnete mir ganz genau vor: «1,25 Millionen nimmst du von der Bank auf. Die 1. Hypothek zu 4 Prozent, die 2. Hypothek zu 4,5 Prozent. Das ergibt bei voller Vermietung Einnahmen von rund 52 000 Franken im Jahr. Nach Abzug von Liegenschaftssteuer, Versicherungen, Unterhalt, Reparaturen und anderen Nebenkosten bleiben rund 48 000. Bei einer Amortisation von 12 000 im Jahr bleiben reine Mietzinseinnahmen von rund 36 000 Franken. Macht 3000 Franken im Monat. Wie abgemacht, ausbezahlt im Büro zum regulären Lohn.»

Illusionen. Mit dem Zwölfer fingen turbulente Zeiten an. Eins kam übers andere. Was zuerst und was danach? Ich versuche, alles schön auf die Reihe zu kriegen.

Häuschen und Gärtchen

In der Wohnung an der Neumatte hatte es uns gefallen. Gute zehn Jahre lang waren wir dort gut und günstig untergebracht. Wir hatten, was wir brauchten, und verstanden uns mit den Nachbarn. Da hatte ich noch Zeit am Samstagnachmittag für einen Schwatz oder einen Jass am Stammtisch. Nun sollte das lang, lang nicht mehr vorkommen. Wir konnten nicht mehr dort wohnen, als Millionäre. Die Neumatte war als Quartier für Büezer geplant. Bähnler, Kondukteure, Pöstler. Alles einfache Leute.

Ich fragte den Chef: «Muss ich jetzt in meinen Block wohnen gehen, oder liegt da auch noch für mich etwas Eigenes drin? Vielleicht ein Häuschen mit einem Gärtchen?» Auch das stand im «Blick»: «Lotto-Millionär Brunis grösster Traum: ‹Es eigets Gärtli›.»

Der Chef vernahm die Botschaft wohl – und verkaufte uns eine Maisonette-Wohnung. Wunderbar, mit Aussicht auf Schloss und See, an der Schöneggstrasse, ebenfalls in Spiez. Für 68 000 Franken. Auch innen sehr schön, aber keines unserer alten Stücke wollte in die neuen Räume passen. Wir mussten alles neu möblieren. Schade um das Geld. Ein Gärtli konnte eine Maisonette-Wohnung natürlich nicht haben. Schliesslich bekam ich doch noch eins. Auf Gemeindeland am Rande von Spiez. Der Chef konnte das mit der Gemeinde für mich arrangieren. Er liess sogar Humus hinführen.

Am Samstag, wenn es nicht regnete, war ich auf diesem Pflanzblätz. Er wurde fast so etwas wie mein zweites Wohnzimmer. Ich konnte pützerlen und mich freuen, wenn das Gemüse kam und die Blumen vor allem. Mein Blätz wurde als einer der saubersten gerühmt, von denen, die am Sonntag vorbeigingen. Da hiess es dann öfter, der Werner hat ein Prachtsgärtchen. Leider hatte ich dieses erste Gärtchen nicht lange. Es war ja nicht meins. Die Gemeinde brauchte das Land für Wichtigeres als für Kabis und Blümchen.

Fernsehen mit Heidi Abel

Hie und da gab es auch Höhepunkte. Der Chef hatte mich für die TV-Sendung «Musik und Gäste» angemeldet. Am 6. Juni 1979 war ich am Bildschirm. Eben mit ihr. Mit Frau Abel, der Fernsehansagerin. Sie war eine wunderbare Person. Sie sagte zu mir: «Hast du Lampenfieber?» «Ja», sagte ich, «dass es gar nicht mehr schön ist. Das Geschmink da am Grind. Und diese Kablerei überall auf dem Boden. Da musst du ja teuflisch aufpassen.» Heidi musste nur lachen und sagte zu mir: «Ich bin die Heidi, und du bist der Werner. Komm, wir gehen ins Beizchen hinunter.»

Der Alte war auch mit mir gekommen. Der Chef. Er durfte aber nicht mit ins Beizchen. Er musste bei den Zuschauern oben an einem Orangenjus nuckeln.

Heidi musste noch ein paar Notizen machen. Wir tranken einen halben Roten zusammen, plauderten über dieses und jenes – und die Sendung klappte wunderbar. Danach meinte Heidi: «Komm, Werner, wir nehmen noch einen Halben.» Aber mein Chef wollte sofort heim. So wurde aus dem ersten Halben nicht noch ein Ganzer. Jawohl. Heidi war eine Superfrau. Schade, musste sie so früh gehen. Ich vergesse sie nie.

Eine Million gesehen hatte ich bis dahin noch nicht, das kam erst später. Aber das war nicht meine. Vom Lotto hatte ich ja kein Bargeld bekommen, sondern einen Cheque. Ich sah nicht mehr als nur die Zahlen: Wie viel davon noch vorhanden war. Und das wurde rasch weniger.

Glücksgott Werner

Doch dann war ich noch einmal als Lottokönig unterwegs, in Zürich. Anfang Dezember fragte mich die Landeslotterie an, ob ich in der Fernsehsendung «Karussell» das grosse Los der Landeslotterie ziehen wolle: Zum ersten Mal gab es auch hier einen Millionentreffer. Ich sagte zu. Kurz vor Weihnachten fuhr ich von Spiez nach Zürich, 1. Klasse. Bevor es losging, rief der Chef der Sendung plötzlich, der Geldsäckel sei ihm gestohlen worden. Aber er fand ihn dann wieder. Im Mantelsack. Das war ein Aufruhr gewesen. Die Million hätte kaum gestohlen werden können. Sie wurde gebracht, in einem schön polierten Silberköfferchen.

Hier lag sie nun in ganzer Pracht vor mir, bloss eben nicht meine, in diesem Köfferchen, gefüllt bis zum Rand. Einen Bund nahm ich oben heraus, um zu schauen, ob nicht etwa Holzwolle drunter ist. Sechs Mann bewachten den Schatz, alle dunkel gekleidet, geschniegelt und geschnagelt. Sie hatten mich schon am Nachmittag vom Bahnhof abgeholt.

In der Maschine zur Ziehung, in der die Lose gemischt wurden, musste ich zuerst das Gestänge zurechtdrücken, damit alles schön brav mit rechten Dingen zugehen konnte. Lumpenzeug wars. Aber dann hats funktioniert. Ich zog die ersten drei Treffer, genau wie besprochen.

Der Heimweg wurde wieder hektisch. «Brüder», sagte ich, «wenn ich jetzt nicht zum Bahnhof komme, gehe ich ins Erstklasshotel. Auf eure Kosten.» Es hiess: «Ach, es reicht doch noch.» Drei Mann gingen mit dem Köfferchen weg, drei blieben bei mir. «So, jetzt fahrt endlich los!»

Na also. Jetzt schalteten sie das Blaulicht ein und brachten mich «per Notfall» auf den Zug. Am liebsten wären sie wohl aufs Perron gefahren. Da wurde ich fürstlich bezahlt. Das hat sich gelohnt.

Filmstar

Später kam noch die Filmerei dazu. Der Chef hatte in der Person von Christoph Müller jemanden gefunden, der meine Geschichte filmen konnte. Christoph war selbsterwerbender Filmemacher beim Schweizer Fernsehen. Ein guter Kumpel, der obendrein am gleichen Tag geboren ist wie ich. Am 28. März. Aber ein paar Jahre später.

Die Filmerei ging mir aufs Gäder. Anfangs kamen sie zu dritt. Beleuchter, Tonakrobat und Christoph. Das war manchmal mühsam. Alles vier- bis fünfmal wiederholen, bis es allen dreien passte. Und das tagelang. Der nächste Tag war mir schon verleidet, bevor er anfing. Aber sollte ich klagen? Ich hatte ja den Stundenlohn. Trotzdem. Ich war der ganzen Gemeinde und Bevölkerung ausgeliefert. Tagelang ausgeliefert. Das war ein Ärger manchmal. Dazu die Leute, die zuschauten, und andere Gaffer, die meinten, sie kämen auch noch im Film. Abends war ich immer todmüde vom Hin und Her, musste dann aber immer noch mit allen zusammen essen gehen und dies und jenes besprechen.

Fanpost und anderes

Nach der Ausstrahlung ging der Rummel erst richtig los. So aus dem Nichts hinaus einfach direkt ins Rampenlicht, das ist zu heiss für einen gewöhnlichen Büezer. Einem, der schon Geld hat, dem macht das nichts aus. Aber für einen, der nichts hat, oder nichts gehabt hat, ist das ungesund, auf einen Chlapf mehr als anderthalb Millionen zu bekommen.

Ich bekam Post und noch mal Post. Telefone zu jeder Tages- und Nachtzeit. Die Telefone trieben mich fast zum Wahnsinn. Die verschiedensten Institutionen suchten mich heim. Die Radios, das Fernsehen, Zeitungen und Zeitschriften. Und noch viel mehr wildfremde Leute. Sie fragten mich, wie man gewinnt. Ich sagte: «Gleich wie ich.» Sie sollten selber schauen.

Ich habe keinen guten Rat. Mir hat auch niemand einen gegeben – sonst wäre ich nicht sieben Jahre später auf die Nase gefallen. Das Schweizer Fernsehen bezahlte mir dann dank Christoph Müller für drei Monate eine geheime Telefonnummer. Das muss man erlebt haben. Sonst weiss man nicht, wie einen das fertigmachen kann.

Die Zeitungsartikel und Briefe habe ich alle gesammelt. Von beiden einen dicken Ordner voll. Als das neue Jahrtausend anfing, dachte ich: Das lege ich nochmals beiseite. 21 Jahre lang habe ich es schon beiseitegelegt, da kann ich es auch noch etwas länger behalten.

Die meisten Briefe waren Gratulationen. Auch einige ehrliche. Ich habe sie alle noch in den Ordnern. Mitsamt den anderen. Wie frech und ordinär die Menschheit sein kann. Das kann gar niemand glauben. Da hiess es etwa: «Lieber Herr

Bruni, das ist kein Bettelbrief.» Und am Schluss stand dann, wenn ich 50 000 Franken für sie freimachen könnte, würden sie es mir nie vergessen. Unglaublich, wie viele mich anbettelten: «Schenk mir einen Grasladewagen», hatte einer geschrieben. Und dann die verschiedenen Sekten. Natürlich, die kamen auch. Zu diesen sollte ich, jene lockten mich, und noch andere versprachen mir alles Mögliche. Ich sagte, so jetzt blast mir hinten rein mit eurem Glauben.

In einer schwachen Stunde habe ich nachgerechnet. Wenn ich das alles hätte zahlen wollen, was die Leute von mir verlangten, hätte ich 3,5 Millionen aufnehmen müssen. Als ob ich der Erste wäre, der irgendwie reich wurde.

Einige nahmen mir übel, dass ich ein Büezer bin und keine grosse Ahnung habe, mit dem Geld umzugehen. Warum braucht sie das zu bekümmern? Es geht sie überhaupt nichts an. Ein anderer meinte: «Ich habe Dich im Fernsehen gesehen. Du siehst schlecht aus, bist voll Krebs, machsts nicht mehr lange.» Und vieles mehr.

Geantwortet habe ich keinem. Ich sagte nur zu Heidi Abel: «Ich danke allen, die mir geschrieben haben. Denen, die noch Briefmarken fürs Rückporto beilegten, danke ich doppelt, die kann ich bestimmt einmal gebrauchen.» (Damals reichten noch 40 Rappen für einen Brief.) Bekommen hat keiner etwas. Die Unerhörtesten unter den Bettlern liessen das nicht auf sich sitzen. Sie schrieben: «Sehr geehrter Herr Bruni, das letzte Hemdlein hat keine Taschen.»

Bald ging ich nicht mehr in die Beiz. Wenigstens nicht mehr wie vorher. Es war nicht mehr interessant und manchmal auch unangenehm. Mit einigen Arbeitern, mit denen ich vorher zusammensass, konnte man nicht mehr diskutieren. Sie sahen einen als schwarzes Schaf. Die einen konnten den Neid kaum verklemmen vor einem, die andern zeigten ihn offen.

Einen schönen Teil der Freunde und Bekannten habe ich damals verloren. Natürlich hätte ich mehr denn je haben können. Wenn ich bezahlt hätte. Aber das liegt mir nicht so. Jeden Abend hätte ich die Hütte voll haben können. Bei jeder Hundsverlochete hätte ich dabei sein sollen, in jedem Verein hätten sie mich gerne als Mitglied gehabt. Und in den Sekten sowieso.

Als der Rummel abflaute und das Ganze sich ein wenig beruhigte, kristallierte es sich heraus: Die, welche es ehrlich meinten, sind noch heute ehrlich.

Zum Glück

Ob mich das grosse Los verändert hat? Ob ich deswegen zufriedener, glücklicher wurde? Das kann man nicht grad so sagen. Ich war ja vorher auch glücklich, auch zufrieden. Auch wenn ich manchmal schon etwas aufs Geld schauen musste. Glück kann man nicht kaufen. Glücklich muss man sein. Nicht, dass ich in höhere Kreise ging oder so. Dort, wo ich bis heute verkehre, fahre ich gut. Nein, das Los hat mich nicht gross verändert. Nur ein bisschen vielleicht. Das schon. Aber das Volk wollte mich verändern.

So leben wie mein Chef? Das hätte ich nicht verkraftet. Was der alles dachte, da bräuchte ich vier Köpfe. Er hatte einen Computer. Wenn der Computer etwas ausrechnete, konnte der Chef schon viel vorher sagen, wie viel es macht. Bloss aus dem Lottorummel kam mein Chef nicht viel besser davon als ich. Er hatte geglaubt, es gebe für ihn gute Reklame. Aber das Gegenteil ist passiert. Es gab Stimmen, die sagten, er habe mich übers Ohr gehauen etc.

Wenn ich dieses und jenes gewusst hätte! Wenn ich gewappnet und hier und dort geschult gewesen wäre! Zum Glück hat es ja nicht lange gedauert. Das Getue um meinen Reichtum. Und der Reichtum auch nicht. Die Taschen in den Hemden, die ich als Lottokönig anhatte, bekamen bald Löcher.

Weiterkrampfen

Als ich mich wieder etwas freier bewegen konnte, ohne angerempelt zu werden, konnte ich mich wieder voll der Arbeit widmen. Für mich war es fast wie vorher. Auf dem Bau hatte ich meine Ruhe und dachte an nichts anderes. Wenn ich nur genug gekrampft habe.

Was denn sonst. Es war ein Seich, wir hatten so eine Menge Büez. Das war schon nicht mehr schön. Schlimmer als in der Hochkonjunktur in den früheren Jahren, als man meinen konnte, nächstes Jahr werde das Bauen verboten. Bei jedem halben Tag, den ich freimachte, war der Teufel im Dach: Muss der jetzt schon wieder blaumachen? Sogar als ich zum Doktor ging, um Blut zu spenden, bekam ich es zu hören: Jetzt hat er es halt nicht mehr nötig zu krampfen. Und das alles mit meinem Rückenleiden. Ich darf gar nicht dran denken, wie das war: nichts lüpfen, aber schaffen. Das geht nicht. Es überschneidet sich. Wenn ich schaffen gehe, muss ich lüpfen, und wenn ich nicht lüpfen will, muss ich auch nicht schaffen gehen. Ich will ja nicht klagen. Ich wollte schaffen. Immer wollte ich das.

Am Werkbank stehen und mich bedienen lassen war nie meine Sache. Meistens war ich sowieso allein. Sich schonen bei der Büez? Klar, es gibt welche, die sich bei der Büez sogar erholen. Aber ich weiss nicht, wie man sich da fühlt. Keine Ahnung. Ob ich mich ausgenützt fühlte? Wenn man lange in einer Bude ist, ist das fast schon normal. Da sind die Massstäbe schon gesetzt. Dieser macht das und das in dieser Zeit, und jener braucht so viel. Ein Pferd, das nicht zieht, braucht man nicht mit der Peitsche zu schlagen. Es wird nie mehr ziehen.

Dolce Vita

Auch wenn man es nicht wahrhaben will, es hat sich schon ein bisschen etwas verändert in meinem Leben. Als man den Gewinn hatte, lebte man schon etwas anders als vorher. Drei Monate nach meinem Sechser nahm ich anderthalb Wochen mehr Sommerferien als normal. Aber das wars dann schon fast. Gut, man konnte sich auch etwas besser einrichten, finanziell, man konnte sich etwas leisten, was man vorher nicht konnte: eine Fotoausrüstung, Mikrowelle, einen Wandteppich. Dinge, die vorher nichts waren für uns.

Besonders R. langte zu. Schon gleich in den ersten Tagen ging mein Chef mit ihr Kleider kaufen. Eine Affenschande. Er wollte ihr zeigen, wie es ein bisschen anders sein könnte. Fürs Fernsehen war das wohl nötig. Aber sie spielte sich auf in diesen Modeboutiquen und diesen modernen Einkaufsläden, um die sie einst in einem grossen Bogen herumging.

Sie wähnte sich als Diva, stolzierte von einem Café zum andern, um sich zu präsentieren. Sie begann, Geld abzuheben, kaufte Glanz und Glimmer und anderen Blödsinn, den sie nicht brauchte. Immer öfter war sie unterwegs mit Leuten, die ich nicht kannte. Abends war kein Znacht vorhanden, wenn ich von der Arbeit kam. Da schlug es mir den Nuggi aus dem

Gesicht. Ich stellte sie zur Rede. Doch was nützte es? Nichts. Nur ein Riesenkrach war das Ergebnis.

Vielleicht lag es an dieser Maisonette-Wohnung. Sie wollte nie recht zu uns passen. Hier begannen die Lämpen mit meiner Madame erst recht. Im Asyl Gottesgnad schwänzte sie die Nachtwache mit immer neuen Ausreden – bis sie entlassen wurde. Es war ihr in den Kopf gestiegen.

In ihrem Salon zu Hause, beim Coiffeurlen, das sie nie gelernt hatte und auch nicht recht konnte, gefiel sie sich besser. Dann fing sie an mit einer Schnellbleiche als Masseurin und machte so ein Feld-Wald-und-Wiesen-Diplom. Madame kaufte Salben und Öle, die sie brauchte für ihren neuen Beruf – und schrie nach einem Solarium im Keller. Sehr standesgemäss, selbstverständlich. Für ihre Massagen musste alles nach Vorschrift ausgeführt werden. Das hiess: Kernbohrungen im Boden, eine Lüftung, eine Dusche und WC sowie einen freien Zugang durch eine separate Tür. Plus Geräte für die Massagen. 160000 Franken habe ich in diesen Keller verlocht. Mehr, als wir noch übrig hatten. Das war schwer zu ertragen. Ich fragte mich manchmal: Wie stehe ich das durch? Ich krampfte, um zu vergessen. Das war nicht mehr gesund.

Abgekrampft

Was sollte ich tun? Ich stürzte mich noch tiefer in die Arbeit. Da war eine Überbauung an der Länggasse in Thun. Sechs Wohnblöcke. Es ging auf den 1. Mai zu. Zügeltermin. Die Lieferfirmen konnten nicht liefern, keine WCs, keine Lavabos. Draussen auf der Strasse standen schon die Möbelwagen. Ich musste Notlösungen finden.

Drei Tage und zwei Nächte war ich auf der Baustelle. Pausenlos. Immer wieder wurde ich von den Leuten auf gut Deutsch «zusammengeschissen». Aber ich konnte ja nichts dafür. Am dritten Tag, vormittags – ich war total am Ende –, ging ich zum Polier. Ich sagte ihm: «Ich muss ein Taxi rufen, ich kann nicht mehr.» Der Polier: «Halt, ich organisiere das.» Er suchte den Chauffeur, liess mein Velo einladen, und ab gings nach Hause, nach Spiez.

Es war Donnerstag, mein Hausarzt nicht zu erreichen. Also musste der Notfallarzt kommen. Er sagte R., sie solle Notwäsche einpacken, und weiter gings nach Thun ins Spital. Diagnose: Herzkranzlähmung (ein Stressinfarkt). So etwas wie ein Infarkt. Es sah bös aus. Ich wurde gleich weiter nach Bern ins Inselspital transportiert und sofort operiert. Drei Tage blieb ich auf der Intensivstation. Am vierten Tag nach der Operation kam ich zurück nach Thun ins Spital. Wegen Bettenmangel in Bern. Drei Wochen später war ich wieder zu Hause. Eine langweilige Zeit. Es folgten Untersuchungen, Kontrollen. Laut Arzt würde ich noch vier bis sechs Monate tilt bleiben.

In dieser Zeit wollte R. unbedingt die Autoprüfung machen. Fahrstunden hatte sie schon lange genommen. Ohne mein Wissen. Sie trieb es mit dem Fahrleist, diesem Grüsel, der rauchte wie ein Kamin und so schmuddelig roch, dass ich ihm nie nahe kam. Sie störte das nicht. Mit dem Füdli hat sie sich die Stunden verdient. Und prompt fiel sie das erste Mal durch.

Bei mir lief es runder. Mein Chef meinte, Autofahren wäre auch gut für mich – und natürlich für ihn. Zeit für Fahrstunden hatte ich genug, solange ich noch arbeitsunfähig war. Es klappte das erste Mal.

Nun musste ein Auto her. Wer hätte gedacht, dass ich mir so etwas je wünschen würde! Aber fahren hatte ich jetzt ja gelernt. R. noch nicht. Sie hatte Mühe. Anderthalb Jahre nach dem Gewinn kaufte ich – auf Drängen des Fahrlehrers – einen Honda Accord. BE 256 600. Ein sehr gutes Autos, das kann ich sagen. Die Velos landeten im Keller. Mein guter alter Drahtesel vom Militär, mit seiner dreieckigen Militärledertasche, die man so praktisch in den Rahmen hängen konnte!

Unterdessen war ich wieder arbeitsfähig. Die Pendlerei von Spiez nach Steffisburg ging nun natürlich viel ringer. Das gefiel nicht allen. Vor allem den Arbeitskollegen nicht. Sie reizten mich entsprechend, in dem sie Schrauben unter die Hinterräder beizten, Spiegel abbrachen und Antennen knickten. Es ist natürlich nie keiner gewesen. Aber mit der Zeit hörte auch das einmal auf.

Als R. endlich die Prüfung hatte, wollte auch sie ein Auto, damit sie noch mehr Freiheit hätte – und sich ihre Freiheiten auch nahm. Fremd war sie mir schon längst geworden. Und fremdgegangen spätestens mit diesem Fahrleist. Ich krampfte – und sie genoss das süsse Leben. Dafür brauchte sie Geld und noch mal Geld. So lebten wir uns auseinander. Die Zeit verging.

Zwölfer ade

Von Anfang an hatte der Chef eine Vollmacht über mein Konto. Ich konnte diese Vollmacht jederzeit widerrufen, und das habe ich nach drei Jahren getan. Ich wollte mich einfach lösen, wollte mein eigener Herr sein. Über meine eigenen Finanzen verfügen. Man ist so bemuttert worden. Es war ein persönliches Aufbäumen, auf gewisse Weise.

Aber es kam zu viel aufs Mal. Da war R.s Hirngespinst: Sie wollte partout auch noch die Verwaltung machen, von der sie hinderzi und fürezi keine Ahnung hatte. Die Schreibarbeiten,

Zins- und Mietzinsabrechnungen. Mein Chef hatte mich gewarnt, aber sie wurstelte weiter. Ab und zu schaute ich noch zum Rechten, solange noch etwas Rechtes dran war. Bis wir die Übersicht verloren.

Im Block lief es überhaupt nicht nach meiner Geige. Es gab renitente Mieter, und in der Umgebung war eine Sauerei. Es ist gar nicht so einfach, über andere Leute zu verfügen, wenn man gewohnt ist, immer zur Verfügung zu stehen. Aber ich musste handeln. In einem neuen Haus eine Sauerei, und bald hat man ein altes Haus. Es blieb mir nichts anderes übrig, als den Hauswart zu entlassen und einem Mieter die Kündigung zu schicken. Zwei grosse Wohnungen standen leer, macht 20 Prozent Mietzinsausfall, und die Hypothekarzinsen stiegen. Die Immobilienkrise vertrieb weitere Mieter. Bald war der Block nur noch zur Hälfte bewohnt. Nicht wir, sondern ein Profi hatte die Mieten bestimmt. Doch die Wohnungen waren einfach zu teuer geworden – und Madames Verwaltung unüberschaubar. Es wurde immer ungemütlicher. Bloss R. glaubte, geistige Kräfte zu haben, die jene meines Chefs überstiegen und ihr noch mehr Erfolg bescherten. Als Hobby-Handauflegerin und -Heilerin hantierte sie mit dem Pendel, legte Karten und wusste auch die Sterne zu deuten. Mir schwante Unheil. Zu Recht, wie sich bald zeigte.

Wir mussten unseren ganzen Stolz, den Zwölfer, verkaufen. Für 1,95 Millionen wurden wir ihn wieder los. Genau so viel hatten wir dem Chef damals bezahlt. Als ich ihn kurz vor seinem Tod zum letzten Mal sah, sagte er, die Schätzung von heute liege 740 000 Franken höher als damals. Was soll ich denken? Das gibt es doch heute nicht mehr, höchstens noch im Märchenbuch, dass einer so eingestellt ist, dass er einem andern wirklich Gutes tun will. Jeder will doch das Wasser auf seine Mühle lenken.

Das Abenteuer meines Lebens

Wenn ich an meinen verlorenen Reichtum denke, kommt mir Haiti in den Sinn. Haiti ist meine schönste Erinnerung. Die Muschel auf dem Buffet haben mir die Buben von weit draussen aus dem Meer geholt. Eine schöne Sache. So gross, so zart, so rosa. Viel mehr ist mir von Haiti nicht geblieben. Das ist mein Reichtum. Damals konnte ich mir noch etwas leisten. Verdient habe ich nichts dabei. Im Gegenteil. Ich machte es gratis und franko. Es kam mich teuer zu stehen. Aber ich bereue nichts.

Das hatte so angefangen: Wie aus heiterem Himmel bekam ich ein Telefon aus Merligen am Thunersee, von einer Frau Sylvia Zehnder, Innenarchitektin. Ob wir uns treffen könnten, es gehe um einen Auftrag. Gut, wir trafen uns zu dritt mit ihrer Schwoscht, im «Buffet» oben, in Spiez. Sylvia zeigte Pläne und Fotos einer Villa im Rohbau, die sie nach ihrem Vornamen Maison Sylvia nannte. Ich sei ihr von vielen Seiten aus dem Baugewerbe als San.-Monteur empfohlen worden. Das werde einmal ihr Ferienhaus und stehe in Haiti. Ob ich nicht Interesse hätte, es fertigzustellen. Den Installateur, der den Rohbau gemacht hatte, wollte sie nicht mehr. Er habe dort sechs Wochen auf ihre Kosten Ferien gemacht. Ich sei der richtige Mann, nach allem, was sie von mir wisse.

Ich fand das hirnverrückt – und sagte, dass ich es mir gründlich überlegen müsse. Erstens wegen meiner Arbeitsstelle bei Hauenstein, zweitens, weil ich nicht wusste, ob ich so lange freimachen konnte, und drittens wollte ich in meiner Position nicht fahnenflüchtig werden. Aber es reizte mich doch, so ging das hin und her, und schliesslich besprach ich es mit meinem Chef. Er meinte, er kenne die Innenarchitektin Zehnder, sie habe auch schon für ihn gearbeitet, und vielleicht sei es nicht das Dümmste, nach all dem Trubel etwas frische Luft zu schnappen.

Ob ich mir so etwas Grosses gönnen sollte? Mein Chef sagte: «So eine Erfahrung täte dir gut. Du hast noch haufenweise Überzeit und Ferien. Alles in allem gute vier Wochen. Nimm sie dir. Für den Rest gebe ich dir Unbezahlten. Nochmals einen Monat. Wenn du bloss zurückkommst danach.» Das versprach ich ihm.

Bis ich zusagte, wurde es Sommer 1983. Dass es mit R. immer heftiger wurde, erleichterte mir die Entscheidung. Also machte ich mich bereit.

Nach Übersee

Was wir brauchten für die Arbeit, verluden wir in Reichenbach in einen grossen Container. Lavabos und WCs hatten wir zum Grossteil vom Abbruch eines Hotels in Lauterbrunnen. Die Duschenuntersätze konnte ich selber mauern. Von der Schreinerei Betschen in Erlenbach hatten wir einen grossen Holzcontainer, um alles aufs Mal zu verschiffen.

Wir waren sieben Personen für dieses Abenteuer: ein Bodenleger mit seiner Frau, ein Elektriker mit Freundin, Sylvia Zehnder, ihr Sohn Harry und ich. Jeder war für sein eigenes Material zuständig, genau nach Plänen. Ich hatte natürlich weitaus das grösste Volumen. WCs, Lavabos, Armaturen, Schläuche, Kupferrohr usw., die ganze Einbauküche (bei der hinten und vorne nichts zusammenpasste). Dazu brauchte ich noch Strom. Also eine Notstromgruppe kaufen, 800 Meter Hochdruckschlauch und vieles mehr. Gottseidank hatte ich meine private Werkzeugtasche komplett, mitsamt den Elektromaschinen. Alles, was mir privat gehörte. Und ebenfalls Gottseidank: R. blieb lieber zu Hause.

Mitte Oktober ging alles in Basel aufs Schiff. Das grosse Warten und Hoffen begann. Kommt es an oder nicht? Am 22. Dezember waren wir erlöst. Alles angekommen. Alles im Zolllager.

Harry, der Sohn, reiste sofort nach Haiti, konnte aber nicht viel ausrichten. Es fehlten ihm Zollpapiere und Französisch. So musste er warten, bis wir kamen. Ich für mich machte telefonisch einen Termin ab mit Dr. Heimgartner, Tropenarzt in Bern. Er meinte zwar, es wäre nicht nötig, impfte mich aber doch und gab mir Medikamente mit, jede Menge. Ich konnte ja nicht wissen, was mich erwartete. Nur, dass es sehr heiss würde, stand fest.

Jetzt kam noch das andere. Ich musste zum zweiten Mal auf die Bank. Das erste Mal wars wegen dem Autokauf. Nun brauchte ich Geld für den Flug, den ich im Voraus bezahlen musste. Es war ein Billigflug der Air France. Billig ist gut. Er allein kostete 1600 Franken. Die musste ich vorschiessen. Sylvia sagte, wir rechneten dann später ab.

Am 2. Januar morgens um 2 Uhr fuhren wir in Spiez weg. Es schneite, was es nur konnte, bei minus sechs Grad, bis Basel-Mulhouse. Weit weg, auf der anderen Seite der Wiese, stand der Flieger. Er stand lange. Dann endlich flogen wir los. Basel, Paris, Guadeloupe, Port-au-Prince. Sechzehn Stunden in dieser Kiste und nicht eine warme Mahlzeit. Einmal kam so ein Vierecklein. Wir lüpften den Deckel. Was war darunter? Kalter Fisch. Deckel wieder drauf, in die Plastiktüte damit. Dann kam ein Rechtecklein – mit dem gleichen Mist drin.

Sechzehn Stunden lang haben wir nichts gefressen. Eben ein Billigflug.

Beim Aussteigen in Port-au-Prince dachte ich: Das ist deine letzte Stunde. Die Hitze drückte, ich bekam keine Luft. Erst in der Flughalle gings mir wieder besser. Ich war ja viel zu dick angezogen. Zwei Stunden später endlich Hotelbezug in der Nähe des Flughafens und dann sofortiger Tiefschlaf. Das Essen war zum Vergessen. Aber was will man. Wir waren in einem anderen Land, also füge dich.

Nach einer Ruhepause gingen wir ins Zolllager, um unsere Bagage auf einen Lastwagen umzuladen. Und wieder gab es ein Tamtam. Sie wollten nicht alles herausrücken. Vor allem das nicht, was sie nicht kannten. So mussten wir noch einmal übernachten.

Maison Sylvia

Am 6. Januar endlich konnten wir wegfahren. Sylvia und Harry vorn beim Fahrer, wir andern hinten auf der Ladebrücke – und wussten nicht, wohin die Reise ging. Sie ging bis abends spät. Todmüde waren wir nach fast 300 Kilometern auf lausigen Strassen am Ziel, in Port-Salut, ganz unten auf Haiti.

Wir sahen bei der Ankunft aus wie Sauhunde, von diesem Staub. Das wars dann, die Maison Sylvia. Welch eine Enttäuschung: Wirklich ein Rohbau. Ein Schopf. Eine halbfertige Hütte. Ein Einheimischer war als Aufpasser angestellt – aber im Augenblick nicht aufzufinden. Wir mussten einbrechen, in leere, verwahrloste Räume. Wo sollten wir schlafen? Zuerst mussten wir die Ratten vertreiben und die Betten auspacken, bei Kerzenlicht. An Schlaf war nicht zu denken. Sylvia hatte von Einheimischen Essen und vor allem Trinken beschafft. Daran haben wir uns gütlich getan. Auch Bier nährt.

Gegen Morgen schlief ich in der Waschküche ein. Für wie lange weiss ich nicht. Jedenfalls wachte ich als Erster auf. Mir war schlecht. In der Morgendämmerung suchte ich im Koffer nach den Tabletten, die mir Dr. Heimgartner zur Angewöhnung mitgegeben hatte. Langsam ging es mir wieder besser. Ich hielt es nicht mehr lange auf der Matratze aus. Früh am Morgen pirschte ich ums Haus herum und sah ein kleines Mädchen, das an einer Feuerstelle auf drei Steinen in einem Kessel Wasser kochte. Ich kramte mein Französisch hervor und vernahm, dass sie Naomi hiess. Jeden Morgen stieg sie das nahe, steile Tobel hinunter, um Wasser zu schöpfen, das sie für Sylvia kochte. Sie hatte einen Plastikeimer dabei und balancierte ihn auf dem Kopf das unheimlich steile Bord hinauf zur Maison Sylvia. «Naomi», sagte ich zu ihr auf Französisch, «Wasser tragen kannst du. Bei mir bleibt kein Tropfen im Kessel.»

So gegen 9 Uhr wurde es langsam lebendig im Haus. Jeder der sechs andern klagte über Unwohlsein und Gliederschmerzen, wohl von der Lastwagenfahrt. Nach einem starken Kaffee rückten wir dem Container zu Leibe, der 50 Meter vom Haus entfernt auf uns wartete. Vor allem das Werkzeug und die Notstromerei hatten wir sofort auszupacken. Denn als Erstes mussten Fenster und Türen angeschlagen werden. Sie waren bereits im Haus und mussten nach Nummern und Plan bereitgestellt werden. Dann mussten die Maurer kommen, Fenster, Türen und Duschen mauern und zuputzen.

Um warmes Wasser zu machen, schloss ich einen Gaskocher an die Gasflasche an. Elektrisches Licht gab es noch nicht. Wir mussten mit Petrollampen hausen. Das war furchtbar romantisch. Ich habe Bilder. Abends, mit den Palmen im Sonnenuntergang. Als Nächstes machte ich mich mit den Anschlüssen für WCs, Lavabos und Duschen bekannt. Das war wie Lotto.

Was ich da basteln musste! Mein Vorgänger hatte nur Kupferrohre einer einzigen Dimension gekannt. Für die WCs, die Lavabos, die Duschen, überall gleich. Die andern hatte er im Schopf versteckt. Bloss, meine Anschlüsse waren verschieden. Überall musste ich nach den richtigen Anschlüssen suchen. Wie konnte ich finden, was zusammengehörte? Damit die Gewinde zusammenpassten, blieb nur eines: hier reduzieren, dort reduzieren, je nachdem etwas mehr oder weniger. Das machte mich total fertig.

Gottseidank war ich nachmittags allein. Der Rest unseres Grüppchens nahm es mit der Arbeit nicht allzu streng. Die erste und die zweite Woche blasteten sie den ganzen Tag am Strand unten, während ich oben krampfte. Im Haus drin war es kühler als draussen. Erst gegen Abend, wenn die Sonne nicht mehr so brannte, ging ich ans Meer, um hurtig ein Bedli zu zwicken.

Unten am Strand zogen mich die Einheimischen in ihr Hüttchen. Wellblech, Karton, Plastik. Geschlafen haben sie auf dem Fussboden. Betten waren keine vorhanden. Ich war eingeladen zum Kaffeetrinken, zum Teetrinken. Uuh, das hat mich geekelt. Dr. Heimgartner hatte mich schon gewarnt und mir die entsprechende Medizin für Haiti empfohlen: Haiti-Rum. «Nicht, um ihn literweise zu saufen», sagte er, «aber zur Desinfektion.» Jedes Mal, wenn ich vom Strand zurückkam, folgte ich seinem Rat – und blieb kerngesund. Die Medikamente brauchte ich nur für die andern. Sie hatten sich schon am zweiten Tag die Bäuche verbrannt. Rot wie Erdbeeren waren sie und jammerten bis tief in die Nacht hinein. Ich sagte: «Ihr würdet auch besser werken, als den ganzen Tag dort unten zu verplempern.»

Unterdessen kam ich mit der Arbeit voran, spritzte das Flachdach ab, putzte es und brauchte 150 Meter Schlauch, um Wasser vom Bach hinaufzupumpen. Dieses Dach hatte eine 20 Zentimeter hohe Brüstung und bot sich als Wasserreservoir an. Ich bohrte ein Loch hindurch und schlug einen Holzzapfen hinein. Da drin konnten wir sammeln, was bei den täglichen Gewittern während zehn bis fünfzehn Minuten an Nassem niederging. Ich brauchte nur den Holzzapfen rauszuziehen, und wir hatten eine vorläufige Dusche. Das Meer war viel zu salzig.

Jeden Tag, wenn ich im kühlen Haus arbeitete und die andern am Strand lagen, kamen zwei Knaben und wollten mir helfen oder wenigstens zuschauen. Sie hatten eine göttliche Freude, wenn sie am Rollgabelschlüssel drehen durften. Der eine hiess Jean-Claude, der andere Jean-Pierre, und die kleine Naomi durfte natürlich auch nicht fehlen. Die drei waren fast immer um mich herum. Dank ihnen kam ich zu meinem Bier. Sie konnte ich schicken. Sie brachten mir das Bier und das Rückgeld auf den Fünfer genau. Nach den ersten paar Tagen gab ich ihnen Geld für ein Glace, für Schokolade oder für was immer sie wollten. Sie rannten für mich bis ins Dörfchen, und das war mindestens 5 Kilometer entfernt. Und für alle Fälle hatte ich gemäss Heimgartners Geheimrezept immer zwei Flaschen Haiti-Rum in der Waschküche. Morgens und abends ein Schluck erweckte die Geister. Die anderen konnten sich ja am Strand laben.

Ich, der Chef

Das war alles gut und recht, doch eines Abends – wir waren wieder alle auf der Terrasse, tranken Bier und diskutierten –, da sagte ich: «Wie stellt ihr euch das genau vor? Drinnen geht gar nichts. Unsere sieben Wochen sind schnell vorbei.» Also musste endlich etwas gehen. Dem Elektriker sagte ich, er könnte doch mit der Zählerei anfangen und Drähte einziehen. Dem Bodeneger legte ich nahe, Zimmer für Zimmer die Böden abzuschleifen. Es gab noch einige Diskussionen, dann verzogen sich alle ins Bett.

Sylvia hatte auf diesen Augenblick gewartet. Sie sagte nur: «Endlich, Werner, hast du es gesagt.» Sie selber habe sich nicht getraut... Wir erörterten das Programm für die nächste Woche, sie brachte noch ein Bier, dann machten auch wir Feierabend. Von da an hatte ich das Sagen. Wir teilten uns ein, es gab kein böses Wort.

Tag für Tag war ich am Installieren. Vom Vorgänger war wirklich nicht viel zu gebrauchen. Also nahm ich an die Hand, was nötig war. Vierzehn Tage später waren die Zimmerböden verlegt und die Decken gestrichen. Der Bodenleger musste noch die Duschenuntersätze mit Novilon verkleiden und leimen und ausfugen. Der Elektriker hatte mit seiner Freundin zuerst Petrollampen installiert und dann die Drähte eingezogen. Jetzt war es schon ein bisschen wohnlicher. Aber noch mussten die Wände abgeschliffen und zweimal gestrichen werden, und die Fussleisten fehlten auch noch. Sylvia und Harry legten ums Haus herum einen Garten an und bepflanzten ihn.

Mit der Küche hatte ich meine liebe Mühe. Die musste ich selber einbauen. Die Masse stimmten überhaupt nicht. Sägen und Fräsen hatte ich selber dabei. Das war mein privates Werkzeug. Langsam, aber sicher kam ich dem Ziel näher. Dann sagte ich: «Jetzt nehmen wir den Gasherd, schieben ihn hinein, Wasser gebe ich gleich.» Das wars dann schon, bis auf den Kühlschrank. Den habe ich noch am gleichen Tag angeschlossen. Auch er lief mit Gas. So. Schliesslich sah die Küche ganz anständig aus. Es ist mir heute noch ein Rätsel, wie ich das zustande brachte. Sylvia lachte: «Es sage bloss keiner, dass du nicht Schreiner bist!»

Zwischendurch war noch dies und jenes zu tun. Um die Gasflaschen vor der Sonne zu schützen, musste ich ein Schöpflein mauern lassen. In der brütenden Sonne, bei fast vierzig Grad im Schatten, gingen sie sonst in die Luft. Bis das Schöpflein fertig war, steckten wir sie am Morgen in Jutesäcke und gossen ein paar Kübel Wasser darüber, zwei-, dreimal am Tag. Und in den Zimmern waren Ventilatoren für Frischluft zu montieren. So ging das von morgens früh bis abends spät. Das Zeitgefühl kam mir manchmal abhanden. Nur wenn Sylvia zum Essen rief, gönnte ich mir eine kleine Pause.

Ein Dorffest

Nach fünf Wochen waren wir mit den Wänden, Böden, Decken und der Elektrik einen grossen Schritt weiter. Jetzt war es Zeit. Ich gab grünes Licht für ein kleines Fest. Sylvia hatte für Tranksame gesorgt. Alle ihre Freunde waren eingeladen. Es kam das ganze Dorf. Mindestens fünfzig Personen. So viele Würste und Fleischwaren hatte der Metzger seit Jahren nicht verkauft. Sylvias Freunde zupften an den Gitarren, und wir andern ergaben uns dem stillen Trunk.

Bloss ich kam nicht wirklich zur Ruhe. Jean-Pierres und Jean-Claudes Eltern waren da, Naomi hatte ihren Vater mitgebracht, und alle umzingelten mich. Jeder wollte alles sehen und erklärt haben. Der lokale Bauführer wollte mich überzeugen, in Haiti zu bleiben. Aber das wollte ich nicht. So oder so. Mitten im Geschehen stand ich, Werner Bruni, wurde hin und her gereicht und war einfach der Chef. Der Alleskönner. Ich will mich nicht brüsten, aber es war einfach so. Und keiner war auf einen der anderen neidisch.

Kein Wasser

Nun konnten wir es ein wenig gelassener nehmen. Der Graben für die Wasserzuleitung war auch fast fertig. Ich brauchte nur noch die Apparate anzuschliessen und im Bach die Tauchpumpe zu setzen. Dann sollte es so weit sein: Filter einbauen, Wasser geben, und Duschen und Küche, alles sollte wie am Schnürchen laufen.

Aber was war los? Bei den WCs wollte das Wasser die Spülkästen nicht füllen. Jetzt hatte ich wieder Probleme. Ich grübelte, studierte und hirnte. Was war der Grund? Mein Stolz und meine Freude fielen augenblicklich auf den Nullpunkt. Eine ganze Nacht studierte ich auf der Veranda. Fast eine ganze Kiste Bier leerte ich, machte Skizzen und Notizen.

Gegen Morgen kam Sylve aus ihrem Zimmer: «Was, bist du immer noch am Krampfen?» Ich sagte: «Musst halt weiterhin einen Kessel Wasser neben das WC stellen. Wir bekommen kein Wasser in die Spülkästen.»

Wir setzten uns zusammen und diskutierten das Problem. Plötzlich sah ich die Lösung: Es war zu wenig Druck auf den Wasserleitungen. Nur der von der Pumpe. Das reichte nicht. Wir mussten auf dem Dach ein Reservoir mauern lassen, damit wir Druck von oben bekamen. Also, Maurer daher. Ich liess ein Bassin mauern, 1 Meter auf 1 Meter auf 1 Meter Innenmasse. Verputzt habe ich es selber.

Weil wir keine Leiter hatten, um den Wasserstand auf dem Dach zu prüfen, montierte ich senkrecht ein transparentes Plastikrohr, das von aussen einsehbar war. Im Rohr liess ich einen Pingpongball schwimmen. Das war unser Schauglas, in dem wir den Wasserstand ablesen konnten. Je nachdem pumpten wir Wasser über die Notstromgruppe aufs Dach. Nun war alles perfekt. Die Spülung harmonierte super. Klar, jetzt hatten wir Druck von oben. Wie viel hatte ich gehirnt vorher! Ich dachte, was bist du für ein Tubel, das darf doch nicht passieren. Es ist halt doch passiert.

Schliesslich hatten die anderen sogar die Fassade verputzt und zweimal gestrichen und die Umgebung in Ordnung gebracht. Jetzt war die Maison Sylvia fertig, und wir gönnten uns eine längere Pause. Wir hatten ja noch gut eine Woche Ferien. Während ich mit dem Wasserdruck gepröbelt hatte, war Sylve nach Port-au-Prince gefahren, um unsere Aufenthaltserlaubnis zu verlängern.

Ich hatte ja nicht gewusst, was ich in diesem Haiti antreffen würde. Aber dass es so strub war, konnte ich nicht einmal ahnen. Ausser zum Krampfen hat es zu nicht viel gereicht. Keine Ausflüge und schon gar keine Reise. So weit unten in Haiti, in Port-Salut, war nichts zu sehen von einer Stadt weit und breit. Kein Ziel, das uns lockte.

Zum Einkrämern ins Lädeli, aus dem die Kinder Bier holten, mussten wir aber öfter, als uns lieb war. Dort war alles zu haben, was man brauchte. Mehr oder weniger. Vom Scheisshäfeli bis zur Bratwurst. Ein Pfund Margarine war diesmal auch auf meiner Einkaufsliste. Das Fraueli im Laden hatte einen Kübel mit einem Holzdeckel drauf. Sie löffelte einfach etwas heraus, riss einen Bitz Zeitung ab und reichte mir das Paket. «So, das ist ein Pfund», sagte sie. Ich fragte nicht weiter und nahm, was ich bekam. Das nächste Mal holte ich die Margarine im Döslein. Es war schon zwei Jahre abgelaufen. Als wir es öffneten, roch etwas Braunes heraus. Wir brachten das Döslein zurück.

Unsere weitesten Reisen führten uns dreimal zum Markt, in kleinen Taxis, diesen Tap-Taps, bunt bemalt und mit Kreuzen und Jesus Christus drauf. Die Einheimischen kamen mit. Einer trug so einen Bananenzapfen zum Verkauf auf dem Kopf, andere machten Einkäufe. Ich sah ein Zwerggitzi, mit zwei schönen Hörnlein. Das kaufte ich dem Händler ab. 8 Dollar. Dazu liess ich mir noch einen Strick mitgeben, damit ich es heimführen konnte. Daheim legte ich eine alte Kokosmatte unter einen Papaya-Baum, sammelte Gras, brachte ihm Wasser. Eines Abends, als wir vom Strand zurückkamen, war das Gitzi weg. Der Strick durchgeschnitten. Ich ging es suchen. Etwas weiter hinten lag ein Blech auf dem Strässlein – Strässlein konnte man das zwar kaum nennen. Dort lag mein Gitzi, gemetzget. Einfach den Kopf abgeschlagen hatten sie ihm. Sie waren gerade daran, in einem Plastikkessel mit kleinen Zitrönchen eine Beize zu machen. Die Einheimischen waren das.

Diese Vaganten, denen ich jeden Morgen Büez gegeben hatte. Und am Abend musste ich sie bezahlen. Mit 1 Dollar. 2 Fränkli 20 waren das damals noch. Sie wussten nichts anderes, als heimzulaufen mit diesem Geld, um einen Güggel zu holen. Für den Güggelkampf auf dem Dorfplatz. Das kostete genau 1 Dollar Kampfeinsatz. Der Verlierer hatte den Güggel und den Dollar verloren. Der Gewinner bekam 10 Dollar – und versoff gleich alles an Ort und Stelle. Ach, ich hatte doch so einen Stolz auf mein Gitzi gehabt. Am Ende wollten sie mir noch sein Fell verkaufen.

Es war halt ein fürchterlich armes Land und ist es bis heute geblieben. Man kann Geld geben – und schon ist es weg. Für nichts. Was kann man machen. Wenn gerade kein Wirbelsturm oder kein Erdbeben kommt, läuft sonst etwas schief. Baby Doc Duvalier, der damals regierte, war so ein Vagant, an jedem Stück Haut, das ihn berührte, und sein Volk wurde beschissen nach Noten!

Es wäre so viel zu machen gewesen da unten. Die Pumpen waren so alt, dass sie kaum mehr schöpften. Aber woher die Dichtungen nehmen? Es fehlte an allem. Alles kaputt. Ich hätte noch manches machen können. Unser lokaler Bauleiter bat mich zu bleiben. Aber er hatte keine Ahnung von nichts. Als er das Bassin sah auf dem Dach, fragte er: «C'est quoi, ça?»

Zahltag

Im Laufe der Zeit wurde ich mit Naomis Vater und mit den Eltern von Jean-Claude und Jean-Pierre näher bekannt. Bald kamen wir auf die Kinder zu reden. Die drei Kinder wollten gerne in die Schule gehen, aber es fehlte das Geld. Naomis Mutter war früh gestorben, und die Knaben waren kaum besser dran. Ich machte Kassensturz. Geld hatte ich genug. Ich hatte ja fast nichts gebraucht – und entschloss mich, ihnen die Schule für drei Jahre zu bezahlen. Die normale Schulzeit dauert drei Jahre. Dann sind sie nach Meinung der Regierung schlau genug.

Es hat mich für nichts gereut. In Schweizer Geld musste ich für jedes Kind 100 Franken bezahlen. Für alle drei zusammen machte das rund 300. Ich rief den «Professor», also den Schulleiter, schrieb entsprechende «Verträge» und bezahlte bar auf den Tisch. Die Schulkleidung war gratis, aber nur für den Schulweg. Naomi bekam eine weisse Bluse und einen blauen Faltenjupe, die Knaben ein khaki Uniförmchen. Ich wurde trotzdem noch einmal zur Kasse gebeten: für drei Mappen, drei Schiefertafeln mit Stiften, drei Etuis und Hefte. Dann brauchten sie noch Sandalen. Mit blutten Füssen durften sie nicht in die Schule. So ging nochmals ein Hunderter drauf, aber das störte mich auch nicht mehr. Ich dachte, wenn meine Madame zu Hause das Geld ausgibt, darf ich das auch.

Am ersten Schultag gingen wir alle hin. Die ganze Schule bestand aus elf Schülern und nur einer Klasse. Gelernt haben sie am ersten Tag nichts. Umso eifriger wurde gefeiert. Wir Schweizer feierten gerade noch ein paar Tage weiter. Die Dorfbewohner waren zum wohlgelungenen Werk in die Maison Sylvia eingeladen. Bis abends spät floss auf der Veranda die Tranksame in Strömen.

Au revoir

So verging die Zeit, und wir mussten wohl oder übel ans Heimgehen denken. Werkzeug einpacken und als Flugfracht deklarieren. Harry transportierte es einen Tag vor dem Abflug zum Flughafen. Er wollte in Haiti bleiben – und ist bis heute geblieben.

Der Abschied von Port-Salut war herzzerreissend. Das ganze Dorf war da. Alles weinte und umarmte sich: Jean-Claude und Jean-Pierre mit den Eltern. Nur von Naomi habe ich nichts gesehen. Sie mochte es anscheinend nicht verkraften. Nur ihr Vater war da. Er hatte nur noch einen Scheichen. Der andere war ihm abgefault. Ich hatte für eine Krücke gesorgt. In einer Astgabel konnte er seine Achsel abstützen, um zu gehen. Vorher war er immer auf der Erde gekrochen. Nun reichte er mir sein Universalwerkzeug auf den Lastwagen hinauf: seine Machete in einer geflochtenen Scheide. Ich musste sie Luftpost aufgeben – und machte nichts dran. Bis heute ist sie noch so, wie ich sie bekommen habe. Alles daran hat er selber gemacht, geflickt und verschönert.

Nun blieb uns nur noch zu winken, bis wir in der Staubwolke verschwanden. Es wurde ganz still auf dem Wagen. Jeder ging seinen Gedanken nach.

In Port-au-Prince holten wir die Papiere im Frachthafen und warteten zwei Stunden in der Abflughalle. Endlich rollte die Air France heran, und wir konnten einsteigen. Heim in die Schweiz. Sechzehn Stunden Flug, die üblichen Zwischenlandungen – und endlich die Landung in Basel. Es war Samstag, trüb und kalt. Uns fror es wie die Pudel.

Nachgeschmack

Für meinen Aufwand in Haiti bekam ich nie einen Rappen zu sehen. Sogar den Flug habe ich am Ende selber bezahlt. Der Bodenleger und seine Frau haben die gute Sylve nach der Heimkehr betrieben. Sie musste dann wohl oder übel in die Tasche greifen. Auch der Elektriker und seine Freundin haben den Flug selber bezahlt. Genau wie ich. Zu mir sagte sie immer: «Du kommst dann schon noch dran, ich bleibe dir sicher nichts schuldig.» Jetzt ist es 26 Jahre her … Abgeschrieben, vergessen.

Für mich war es das Abenteuer meines Lebens. Ein schönes Abenteuer. Ich war unglaublich stolz, als sie mir telefonierte: «Werni, weisst du, was heute für ein Tag ist?» «Ja», sagte ich, «der 2. Jänner.» – «Ja, heute vor zwanzig Jahren sind wir abgeflogen.»

Es laufe noch alles, sagte sie, und Harry, der Junge, habe gesagt: «Nie die geringste Reparatur.»

«Na also», sagte ich, «das ist ja alles, was nötig ist.» Ich hätte ihr gerne gesagt: «Schick mir die 1600 Franken für den Flug.» Aber das hätte sie wohl überhört. So sagte ich nichts.

Erst kürzlich, nach dem grossen Erdbeben in Haiti, rief ich sie wieder mal an: «Wie gehts da draussen?» Sie sagte: «Alle sind gesund und zwäg. Harry weiss sich wie immer zu helfen.»

Auf irgendwie krummen Touren, dachte ich für mich.

Sie sagte bloss: «Weisst du, Harry hat einen Wasseraufbereiter gemacht, nach dem Erdbeben könnten sie den gebrauchen. Aber die Schweizer wollen ihm kein Chlor schicken.» Ich fragte, wofür er denn Chlor brauche. «Ja, um das Wasser aufzubereiten.» Ich sagte: «Der ist ein schöner Bandit. Mit Wasser hatte ich beruflich zu tun. Ich weiss, wovon ich spreche: Chlor gehört nie ins Trinkwasser. Schon gar nicht in einen improvisierten Apparat. Will Harry denn Leute vergiften?»

Den Apparat dürfte er niemals verkaufen. Aber er ist wohl genau so geworden wie viele andere in den miesen Umständen. Haut die andern übers Ohr … Dem traue ich gar nicht.

Sylvia meinte: «So einen wie dich könnten wir jetzt brauchen da drüben.» Aber ich dachte nicht daran, nochmals zu gehen. So ein Abenteuer soll einmalig bleiben.

Bergab

Die Rückkehr in Spiez war nicht gerade berauschend. Es war auch schon 10 Uhr abends. Nach einem Bier ging ich hundemüde schlafen. Auspacken konnte ich ja am Sonntag. Ich hatte den Eindruck, dass ich nicht sehr willkommen war bei Madame. Aber meinetwegen, ich war wieder da und hatte etwas erlebt. Alles andere war mir so lang wie breit. Ich verräumte mein Werkzeug und konzentrierte mich auf den Montag.

Der Chef empfing mich höflich, als ich mich bei ihm meldete. Er kam mit mir in die Werkstatt, um mir die Arbeit zuzuteilen. Die andern machten ihre Spässe. Einer meinte: «Sind wir jetzt so weit, dass wir als Mitarbeiter einen Neger bekommen?» Ein anderer: «Der kann doch nicht mehr arbeiten, nach zwei Monaten Karibik.»

Was konnte ich dafür, dass ich goldbraun war? Ich bezog meine Baustelle, und die Arbeit ging weiter wie zuvor. (Meinte ich.) Dem war aber nicht so. Bald merkte ich, dass mich die anderen mieden. Sie waren nicht mehr so hilfsbereit. (Mit ein paar Ausnahmen.) Zudem wurde ein paarmal mein Auto beschädigt. Und wieder war es natürlich niemand gewesen …

Noch im gleichen Jahr hatten wir unser nächstes Geschäftsjubiläum. 30 Jahre Hauenstein. Und ich und Steiner Josef 25 Jahre. Es gab ein grosses Tamtam und wieder eine einwöchige Reise auf die Kanarischen Inseln: Playa de Inglés. Die Frauen waren auch eingeladen. Madame wollte wieder nicht mit. (Was mir nur recht war.) Seit sie die Verwaltung des Zwölfers unbedingt selbst übernommen hatte, waren mein Chef und Madame wie Hund und Katz.

Privatkonkurs

Im Frühjahr des nächsten Jahres fiel zum ersten Mal das Wort Konkurs. Uns brach eine Welt zusammen. Der Lottogewinn war aufgebraucht. In Haiti hatte ich wenigstens gewusst, dass ich gratis arbeite. Bei meiner Million wusste ich das nicht. Es ging wie eine Lawine lochab. Jeder zweigte einfach etwas ab.

Buchhaltung, Versicherungen, Heizkostenabrechnungen, Mieten berechnen, Mahnungen schicken ... Aber sicher sind Fehler passiert. Wegen Nichtbeherrschen des Werkzeugs. Das war Neuland. Es ist eigentlich logisch, wenn man etwas zum ersten Mal in die Hand nimmt, dass das erste Stück verrecken kann, aber das zweite kommt dann vielleicht gut. Das erste Stück ist dann so ein Prototyp, den wirft man nachher meistens weg zum alten Eisen. So gehts wenigstens in meiner Arbeit, wenn man etwas Neues in die Finger nimmt. Bei unserem Zwölfer war das fast ähnlich. Wir liessen uns auf etwas Neues ein und liessen Haare. Ich hätte meine Madame nicht ranlassen dürfen. Wir liessen zu viele Haare.

Die Leitung der Amts-Ersparnis-Kasse war alles andere als zufrieden mit dem Geschäftsverlauf. Wenn ich in den alten Akten krame, wird es mir grad wieder schlecht von den Zahlen. Hier: «Pfandvertrag 3. Rang, 50 000, ausbez. 20 000... Bank gibt kein Geld mehr ... Zinsendienst 31. 12. 85 Fr. 13328.– ... Nicht bezahlte Schuld bis Ende April 85, 10 Monate = 21 000... Mit den obigen Bankverpfl. ergibt sich ein reiner Zinsendienst, ohne Nebenkosten, ohne Verzugszinsen, von monatlich Fr. 2800.– ...» etc.

Zahlungsbefehl über Zahlungsbefehl kam an die Schöneggstrasse. Die Gemeinde schritt ein. Vom ersten Besuch bei Familie Bruni nahm Fürsorgebeamter Hirsig einen Plastiksack voll unbezahlter Rechnungen in der Höhe von 160 000 Franken nach Hause. Und er hatte eine gute Idee. Er bat Walter Hauenstein um Hilfe. Mit 60 000 bis 100 000 Franken Kredit glaubte er, eine Nachlassstundung zu erreichen, um mir die öffentliche Schande des Konkurses zu ersparen.

Aber der Chef winkte ab. Er schrieb an die Gemeinde: «Wäre es nicht naheliegender, an die Gemeinde zu gelangen, welche doch immerhin von diesem Lottogewinn 410 000 Franken Steuern kassiert hat?» So nahm die Katastrophe ihren Lauf.

Showdown in Spiez

Für «Blick» war ich wieder eine Schlagzeile wert. «Lottokönig am Bettelstab!» «Lottomillionär Konkurs!»

Sie kamen in Schwärmen. Alle, die noch etwas zugut haben wollten. Als Erstes kamen die Firmen aus Wädenswil und räumten die zwei Solarien ab, die ich der Madame ermöglicht hatte für viele 1000 Franken. Von der Rendite hat sie mir nie etwas zu sehen gegeben, und fertig bezahlt hat sie es auch nicht.

Der Rest kam in eine öffentliche Versteigerung. Mit dem Hammer schlugen sie uns unser Zuhause unter dem Füdli weg. Wohnhaus mit Garage. 337 Quadratmeter Umschwung. Im Rohbau hatte ich es gekauft und Stunden um Stunden daran gekrampft. Hunderte von Stunden, bis es fertig war. Konkursamtliche Schatzung 430 000 Franken. Hier, in diesem Papier stehts. Der Zuschlag erfolgte nach höchstem Angebot, ohne

Rücksicht auf die konkursamtliche Schatzung. Alles Krampfen war vergebens. Gut, ists vorbei.

Als ich am Abend am Fernsehen sah, wie mein Hab und Gut vertschuttet wurde, kamen mir die Tränen. Der Wein, der Karabiner. Alles, aber alles kam unter den Hammer. Madames Auto, mein Fotoapparat, die Schreibmaschine, die ganze Einrichtung. Nichts ist übrig geblieben. Nicht einmal die Negerplastik von Haiti. «Schaut mal diese Brüste an!», sagte der Hammermann. Alle grinsten. «... 45 Franken zum Dritten.» Und weg war sie.

Die Erstklassmenschen zeigten mit dem Finger auf mich. Aber die sollte ich besser nicht beachten ... Eine Minderheit von Menschen ist einfach so schlau und zum Teil dreckig, dass ich mich so wenig wie möglich präsentierte. Aber schämen muss ich mich nicht. Wichtig war mir, dass ich die Handwerker bezahlen konnte. Dass keiner zu kurz kam. Das gelang mir nicht ganz, aber zum grossen Teil. Die Grosskonzerne konnten von mir aus einen Schuldschein kassieren. Ich bin kein Hecht mit einer Krawatte. Die einen oder andern haben mich sowieso beschissen nach Strich und Faden.

Wofür wurde ich bestraft? Ich hatte nie zu grosse Schuhe an. Nie mit Geld um mich geworfen. Ich gönnte mir ja nichts ausser das Auto, die Reise nach Haiti und diese Maisonette-Wohnung, die nicht recht zu uns passte. Es ist mir manchmal ein Rätsel, wie es überhaupt so weit kommen konnte.

Bilanz

Wie gewonnen, so zerronnen. Das ist ein Wahrheitswort. Es traf mich voll an den Grind. Das ist das Letzte, was man sich wünschen kann. Einer, der nichts hat und dann eine Million gewinnt. Es kommt wie eine Lawine auf dich los. Ich wusste nicht, wie man es anlegt, dafür lernte meine Madame umso schneller, wie man es ausgibt. So ist es bald weg. Ja, bald weg. Ich hatte es kommen sehen, dass das nicht gut geht. Das ist ja nicht möglich. Ingottesnamen.

Am Ende konnte ich nur verlieren, von vorn und von hinten. Darum bin ich manchmal auch froh, dass ich nichts mehr zu tun habe damit.

Dieser oder jener hat Schwein. Er kann Geld aufklaftern und aufklaftern, wie er gern will. Wenns einer nicht erlebt hat, kann er nicht urteilen. Trotzdem meinten jetzt meine Kollegen, sie hätten es schon immer besser gewusst. Sie gaben mir Verschiedenes zu spüren. Aber da hatte ich schon eine dicke Haut, das machte mir nichts mehr aus. Ich dachte, schaut für euch. Ihr würdet es vielleicht noch dümmer anstellen. Es gab ja immer wieder zu lesen von Lottomillionären, die total durchdrehten.

Vielleicht würde ich es ja ein zweites Mal besser machen. Darum sagte ich mir schon oft: Vertrauen ist gut. Aber man kann auch zu viel vertrauen. Das war bei mir der Fall. Ich hatte blindes Vertrauen … Aber nein, ein Einfamilienhäuschen für mich hatte es nun einfach nicht geben sollen, mit einem Garten. Aber dafür einen Zwölffamilienblock für 1,9 Millionen, wo ich doch nur noch 700 000 hatte.

Gewiss würde ich einem Chef heute nicht mehr so blindlings vertrauen. Aber auch der Chef hat seine Lehren gezogen. Er sagte, heute würde er das nicht mehr so privat machen, sondern versuchen, etwa über die Gemeinde eine freie Vormundschaft zu erlangen, um eine geregelte Verwaltung sicherzustellen. Aber die Erkenntnisse kamen zu spät.

Nächste Station Faulensee

Da sass ich wieder einmal mit kalten Füssen. Jetzt wusste ich wirklich nicht mehr weiter. Von R. konnte ich nichts erwarten. Im Gegenteil. Dass ihr Auto unter den Hammer kam und ich meines behalten durfte, hat sie furchtbar gewurmt. Doch irgendeiner musste ja noch Geld verdienen – je länger, je öfter auf Grossbauten in den Alpen.

Erst gings auf Wohnungssuche. Aber wo und wie? Das war mein Problem. Und doch mussten wir raus aus unserer Maisonette-Wohnung an der Schöneggstrasse, die uns nicht mehr gehörte. Schliesslich bot uns ein gewisser Herr Luz ein leer stehendes Einfamilienhäuschen im Güetital/Faulensee an. Ich konnte es noch im Rohbau sehr günstig mieten. Herr Luz hatte sich verspekuliert. Er brauchte einen billigen Büezer, der es bewohnte, das Gärtchen pflegte und für ihn fertig baute. Und wer war der Löl, der das machte? Wieder mal ich, der Bruni Werner. Erfahrung, um das Haus selber fertig zu machen, hatte ich mehr als genug. Manche Stunde krampfte ich daran, jeden Samstag und jeden Sonntag. Aber ich war ja froh um ein Dach überm Kopf – und bekam, was ich mir immer erträumt hatte: ein Häuschen mit Gärtchen.

So ein Häuschen hätte ich einst bar auf die Hand kaufen können. Dafür hätte mein Lottogewinn, oder das, was davon nach allen Abzügen übrig blieb, sehr wohl gereicht. Bis heute hätte ich kostenlos darin gewohnt. Aber *er* hatte das nicht gewollt. «Du immer mit deinem Gärtchen», hatte er bloss gesagt. Um die Folgen seiner Ratschläge brauchte er sich dann nicht mehr zu kümmern. Das ging ihn nichts mehr an.

Ohne Halt bis Meiringen

Meine Madame hatte scheinbar andere Sorgen. Sie sagte immer, sie sei krank, und liess sich von einem Arzt in Thun behandeln. Aber war sie wirklich krank? Eines Tages bat sie mich, sie zu diesem Dr. Thäler zu begleiten. Von ihrer «Krankheit» war nicht die Rede – und nichts zu spüren. Umso mehr kümmerte sich der Doktor um mich. Ich sei an einem Rumpf. Aber ich fühlte mich topfit und stellte beim besten Willen nichts fest, was mir fehlen könnte. Er schickte mich trotzdem zur Erholung. Drei Wochen auf den Hasliberg. Die Kasse bezahle das. Ich nahm Rücksprache mit meinem Chef. Der meinte, es sei momentan nicht viel los punkto Arbeit, ich könne ruhig etwas ausspannen.

Madame wollte mich also mit dem Auto auf den Hasliberg bringen und fragte unterwegs, ob sie damit fahren dürfe in der Zeit, wo ich weg war. Ich willigte ein.

Aber halt, wo fuhr sie hin? Richtung Meiringen. Jetzt sah ich auch den Wegweiser. Psychiatrische Klinik. Das also war es, was R. wollte. Das hatte sie mit ihrem Doktor in Thun ausgeheckt. Sie wollte mich ausschalten. Mich in die Klapsmühle stecken.

R. lud mich auf dem Parkplatz aus (ich protestierte heftig), und weg war sie. Zwei Schwestern nahmen mich in Empfang und brachten mich in ein Zimmer (ein schönes Zimmer). Das war doch super geplant und eingefädelt. Die Personalien und alles Drum und Dran hatten sie schon.

Aber so leicht sollte das nicht gelingen, nicht mit dem Bruni Werner. Irgendwie fehlte R. doch etwas im Kopf – und an anderen Orten. Mindestens von jetzt an hasste ich R. So infam und dreckig, wie sie es mir machte, das hatte ich von ihr nicht erwartet. Aber eben, man lernt nie aus. Ob der Doktor noch lebt? Hoffentlich nicht. Ob sie mit ihm ein Affärchen hatte, oder was? Auf jeden Fall hat sie ihn dazu gebracht, mich da hinaufzuverschaukeln.

Am ersten Morgen, noch vor dem Zmorgen, war ich beim Psychiater. Am Tag drauf auch. Was der alles wissen wollte! Am dritten Tag nochmals das Gleiche. Ich sagte: «Ihr könnt mich! Ich gebe euch keine Antwort mehr! Ihr habt mich gefragt, ich habe euch gesagt, was es zu sagen gibt. Ich habe euch alles gesagt. Jetzt ist Ende. Sonst werde ich noch verrückt. Und das will ich nicht werden. Basta.»

Danach sah ich keinen mehr von denen. Ich machte, was ich wollte. Mit diesen halbverrückten Insassen sollte ich im Schwarm durch Meiringen spazieren. Ich dachte, blast mir ins Füdli. Ich ging basteln in den Bastelraum runter oder alleine in Meiringen spazieren.

Als ich unten auf dem Parkplatz sah, dass der Thuner Gemüsehändler Gemüse in die Klinik lieferte, machte ich mit ihm ab. Er sagte, er komme immer am Dienstag und Donnerstag. Es war Dienstag, also am Donnerstag. Ich sagte: «Ich warte hinter dem Zaun und steige dann ein.» So wars. Er brachte mich nach Spiez. Dort ging ich sogleich zu meinem Auto.

Ich nahm es mir, und um 6 Uhr war ich zurück in der Klinik beim Znacht. Statt in Meiringen spazieren fuhr ich jetzt zur Abwechslung auf ein Bier in die Aareschlucht. Dort sah ich dann, was meine Madame für eine Hostess ist. Ich entdeckte sie in einem Car mit dem Chauffeur. Das hat sie nie erfahren, dass ich sie dort beobachten konnte. Gottseidank gabs den «Blick». Wie ein Kommissar am Fernsehen versteckte ich mich hinter den aufgeschlagenen Zeitungsblättern. Sie konnte mir nichts verstecken. Bald sollte ich mehr erfahren …

Als ich zurückkam von diesem Soloausflug: Alkoholtest. Ich sagte zur Schwester: «Ich? Alkoholtest? Schau, dort unten. Wir sind hier im vierten Stock. Dort unten ist der Parkplatz. Ich werfe den ganzen Apparat mitsamt dem Röhrchen grad zum Fenster raus.» Das war der erste und letzte Alkoholtest, den sie von mir verlangten. So überstand ich auch das. Nach einem Monat schickten sie mich nach Hause.

Madame und anderes Ungemach

Und was traf ich zu Hause in unserem Einfamilienhäuschen in Faulensee an? Keine Madame auf jeden Fall. Eine Nachbarin kümmerte sich um Hund und Katzen. Auf meine Frage nach dem Verbleib der (nicht sehr) Vermissten wollte sie keine Antwort geben. Aber auf mein Drängen packte sie aus. R. sei unterwegs. Sie sei Hostess bei einem Car-Unternehmen. Das wusste ich ja schon. Was wollte ich noch von ihr? Aber das Mass war offenbar noch nicht voll genug.

Um zu vergessen, ging ich wieder krampfen. Möglichst weit weg von unserem Katastrophengebiet. Von meinen Kollegen wurde ich nun wieder mit offenen Armen empfangen. (Bekam nie ein Wort über Meiringen zu hören.) Bereits in der zweiten Woche hatte ich in Oberwald im Goms zu tun. Logierte im Hotel Furka wie schon vor einem halben Jahr. Manchmal blieb ich auch übers Wochenende. Zu Hause hatte ich ja nichts mehr verloren. So konnte und wollte ich mich wieder aufraffen. Das tat mir unendlich gut.

Ein Job folgte dem andern. Im Sommer waren wir drei Mann in Wassen, für die Bundesbauten im Stollen. Wir mussten den Auspuff für die Dieselmotoren montieren, etwa 30 Meter hoch oben im Fels, an einer ziemlich senkrechten Wand. Wir waren gut gesichert, doch ein alter Haken löste sich. Ein Sturz war nicht mehr zu vermeiden. Ich schlug am Fels auf und landete im Fangnetz. Es riss mir praktisch den Arm ab. Der Helikopter flog mich nach Interlaken ins Spital. In Interlaken nähte Dr. Nussberger den Arm wieder an den Rumpf. Abends kam der Narkosearzt persönlich auf mein Zimmer. Nationalrat Dr. Günter. Nach einer zweiten Operation war der Arm gerettet.

Fünf Wochen später konnte ich das Spital dick einbandagiert verlassen. R. holte mich ab – und verhiess wenig Gutes. Auf dem Heimweg eröffnete sie mir, dass sie mich verlassen werde. Sie wolle zu ihrem Freund ziehen.

Ich fragte: «Ja, wann denn?» – «In vierzehn Tagen.»

So sass ich als Rechtshänder, den Arm rechts dick eingehüllt an die Brust gefesselt, neben ihr und konnte nichts machen. Aber gesagt habe ich es ihr kurz und bündig: «Dann geh doch schon morgen.»

So war es. Schon früh am Morgen kam ein Lieferwagen. Ich sagte ihr, was sie mitnehmen konnte und was nicht – und weg war sie. So schnell, als hätte ein Helikopter sie geholt. Die Nachbarin und ihr Mann kümmerten sich liebevoll um mich. Danke. Von ihnen erfuhr ich den Rest: Sie wohnte bereits zusammen mit diesem Car-Chauffeur. Das war ein Vogel. Für meine Madame hatte er eine Familie mit zwei Kindern verlassen. Was der bloss in ihr sah. Sie war keine Schönheit, sie meinte bloss, sie sei schön, aber sie hatte wohl von rückwärts geschaut. Das war ja gar nichts.

Ich war einen Haufen froh, war sie weg. Wie sie herumhurte, das war nicht mein Brot. Und wer sollte das bezahlen? Ich, wer sonst. Ach, ich gab ihr so manches, bloss damit sie wegblieb. Sie hatte ja überhaupt nichts.

Als wir uns damals in der «Linde» in Steffisburg kennen lernten, kurz nach meinem Unfall in der Leuk, machte uns auch noch die Beizerin Dampf, sodass mir R. erst recht am Hals hing … Aber eben. Ich hatte mich bös geschnitten, damals. Nicht nur in den Finger. Erst als es schon zu spät war, erfuhr ich, dass R. unter Schutzaufsicht stand. Ich musste sie auslösen für 5000 Franken. Das brennt mich noch jetzt im Geldsäckel, dass ich für die Madame brennen musste. Aber jetzt ist es nicht mehr zu ändern.

Was sie jetzt macht? Müller Christoph hat sie einmal aufgetrieben, in der Nähe von Freiburg. Wo genau, weiss ich nicht mehr. Sie habe ein Beizlein dort. Vielleicht ein Puff, denke ich. Ich kenne sie wohl. Sympathisch? Der Schein trügt. Mancher Spiezer und manche Spiezerin sagten auch: «Du, Werner, das war nie eine Frau für dich.» So superoxydblond, so aufgetakelt, hat nichts gelernt und konnte nichts recht, bloss nehmen und festen. Sie konnte herumstolzieren, schaute einen nicht mit dem Füdli an, hatte Volk um sich herum, zahlte und zahlte – mit meinem Geld. Aber man kann den Menschen nicht ändern. Der Herrgott hat so viele verschiedene Kostgänger.

Ihre Verwandtschaft kenne ich noch. Wir grüssen uns und plaudern, wenn wir uns in der Migros sehen, aber über jene Dinge verlieren wir kein Wort mehr. Ich musste noch einmal wegen einer Unterschrift zu ihr nach Bern, als sie noch mit diesem Chauffeur dort wohnte. Ich schaute unter den Tisch. Was sah ich da? Ich sagte zu ihr: «Das hättest du mir schon sagen dürfen, dass du mir die Harasse, die neuen, die ich so schön gebrannt habe mit der Lötlampe, dass du mir die auch noch gestohlen hast, aber wenn das dein Stubentisch ist, kannst du sie behalten.»

Hauenstein

Der Zufall meines Lottogewinns hatte mir alles genommen, was ich je besessen hatte. Mit meinem Chef ging es nur aufwärts. Wenn ich einen kannte, der Geld aufklaftern konnte, war es er, das Wunderkind der Hochkonjunktur. Die Tellerwäscherlegende aus dem Berner Oberland. In nur dreissig Jahren startete er durch bis fast in den siebenten Himmel. Das bezeugt, dass er ein Genie ist auf seinem Gebiet. Ein Vierteljahrhundert hielten wir einander nun schon die Treue. Ich, der Baumatrose, blieb beim Bodenpersonal – und werkte und krampfte für ihn, was ich nur konnte. Hauenstein Walter war sechs Jahre älter als ich und wie ich ein Büezerkind. Aber davon hat er nie gern geredet. Er schämte sich für seine einstige Armut. Er verdiente wie ich sein erstes Geld schon neben der Schule.

Kennen gelernt hatten wir uns früher, bevor ich angestellt wurde: an einem 1. August im Fussballclub Steffisburg. Er war der Präsident, als Fussball noch ein Büezersport war.

Wenn er fischen ging, gingen wir am Anfang immer zusammen. Er konnte keine Fische totschlagen. Das musste einer machen für ihn. Öfter war das ich. Der Herr Bruni.

Aus nichts heraus schaffte er es zum mehrfachen Millionär. Er hatte eine goldene Nase und wusste, wie man geschäftet. Wenn irgendwo einer am Kippen war, ging er zu ihm: «Ich mache dir ein Angebot, fürs Land und alles, was drauf und darum herum ist. Wenn du es annimmst, ist es gut, wenn nicht, hast du gehabt.» Ein zweites Mal konntest du nicht mit ihm diskutieren. Wenn er einmal «Nein» gesagt hatte, war Ende. Manchem Geschäftsherrn auf dem Platz Thun ist es so ergangen. Manch anderen machte er reich, auch wenn er ihm die Preise in den Keller drückte. Ein pickelharter Geschäftsherr war mein Chef. Aber zu uns Büezern supergut.

Im Lauf der Zeit liess er über 3000 Wohnungen bauen: Einfamilienhäuser in Steffisburg und Umgebung, Reihenhäuser und Blöcke irgendwo in Feldern und Wiesen. Schliesslich auch Hochhäuser. Fast unbemerkt und nebenbei kaufte er heruntergewirtschaftete Firmen auf. Er rettete die Skifirma Kneissl und steckte Millionen in die veralteten Textilfabriken Nabholz und Lahco. So wurde aus dem Baulöwen auch ein Textilunternehmer. Die Näherinnen dankten es ihm. Ohne meinen Chef hätten sie ihre Stelle verloren. Er seinerseits hatte gleich mehrere Stellen. Wurde auch noch Verwaltungsratspräsident der Kieswerke Steinegang und der Laurengana SA und Verwaltungsrat der Kieswerke Heulisbach. Ausserdem Inhaber einer Immobilienfirma und einer Restaurant- und Hotelkette. Habe ich etwas vergessen oder verwechselt? Mag sein. Es war mehr, als ich mir merken oder gar vorstellen kann. Ja, ja, der Hauenstein Walter mit seinem Ferrari. Er fuhr gerne schnell. Besonders, wenn er einem Schwächeren den Meister zeigen konnte. Du wusstest gleich: Jetzt hast du keine Chance mehr.

Abgang

Einige Zeit nach meinem 25-Jahr-Jubiläum trennten wir uns. Nun hatte ich die volle Bescherung. Aller guten Dinge sind drei. Frau weg, Geld weg, Job weg. Kurz nach meinem fünfzigsten Geburtstag startete ich wieder bei null. Die Tiefschläge hatten sich auch auf meine Leistungen ausgewirkt. Das war mir bewusst. Und der Geschäftsführer hatte es mir unter die Nase gerieben: «Sie sind angeschlagen, Herr Bruni. Sie sind viel krank. Möchten Sie nicht nach etwas Leichterem schauen? Irgendwelches Geld werden Sie wohl noch haben.»

Das löschte mir ab. Da war einfach der Wurm drin. Ich konnte nicht mehr sein wie vorher. Hier wie dort wurde ich bedrängt und zertreten. Wenn einer arbeiten darf und ein gutes Klima um sich herum hat, dann ist die Welt in Ordnung. Wenn der Mensch gezwungen wird, wird er phlegmatisch.

Deshalb sagte ich zum Chef: «Herr Hauenstein, unsere Chemie stimmt nicht mehr. Der Wurm ist drin. Mir wird das Auto boykottiert, mir wird dieser und jener Stein in den Weg gelegt. Es ist nicht mehr schön.» Ich sagte zu ihm: «Herr Hauenstein, gwärchet habe ich wohl.» «Ja, das weiss ich», sagte er.

Dann sagte ich: «Aber es ist ein Unterschied, ob man werken darf oder ob man werken muss. Sobald ich muss, lässt die Leistung nach.» Das gab ihm ein wenig zu denken.

Ich brauchte nicht mehr nachzudenken. In den letzten Jahren hatte ich viel dazugelernt. Auch wenn man manchmal fast kaputtging dabei. Aber wenn man hirnen und kopfen muss, wird man je länger, je mehr selbständig.

Bevor er mir kündigen liess, kam ich ihm zuvor. Leicht fiel mir das nicht, aber ich sagte: «Ich will Ihnen nicht mehr zur Last fallen, mir nicht mehr auf die Kappe scheissen lassen. 25 Jahre sind genug. Ich möchte selber etwas tun.»

Zum Abschied lud er mich und seine Frau Gerda in seine Kantine zu einem Fleischplättli ein. Er schenkte mir zwei Bücher über Waffen. Damit waren wir etwa quitt. In den 25 Jahren unserer Zusammenarbeit hatte er mir immer wieder etwas, was mir lieb war, abläschelen können. Zum Beispiel eine Sammlung mit über 600 Bierdeckeln. Wofür er sie brauchte? Ich weiss es nicht.

Selbständig

Etwas anderes anfangen? Ich wüsste nicht was. Ich kann nicht viel anderes als das, was ich auf dem Bau gelernt habe. Eine Zeit lang nichts machen? Oder gar ewige Ferien? Nein, da werde ich krank. Da bekomme ich sämtliche Leiden, die es überhaupt gibt. Ich werde schon krank, wenn ich nur kurz zu Hause bin und nichts zu tun habe. Und ich habe meinen Stolz: Wenn ich etwas fertig habe, dann läuft es auch. Dass man sagen kann, der Bruni hat eine saubere Büez abgeliefert.

Warum also nicht selber anfangen? In einem kleinen Lagerraum baute ich mein eigenes Geschäft auf. W. Bruni Heizung Sanitär Reparaturen. 3700 Spiez. Mein letztes Geld ging in Miete und Werkzeug: Es waren die 40 000 Franken, die mir Hauensteins Pensionskasse ausbezahlt hatte.

Büez hatte ich sofort wie wild. Die Installateure sagten mir: «Du, ich habe Hähnen-Flickbüez und solches Zeugs. Dafür haben wir keine Zeit. Kannst du das machen?» Ich machte alles, was ihnen zu wenig war. Ein Jahr darauf flickten sie selber nur noch Hähnen, weil es sonst keine Büez mehr gab. Wegen Wirtschaftseinbruch. Da kamen sie schön auf die Welt und machten jeden Scheissdreck, für den sie vorher zu schön waren. Für mich blieb kaum mehr etwas übrig. Vom Geld aus der Pensionskasse auch nicht.

Das Leben versichern

Gegen Schicksalsschläge kann man sich versichern, hatte ich mir gesagt, falls ich mal in Hemd und Hose auf der Strasse stehe. Schon bevor ich selbständig war, schloss ich beim erstbesten Versicherungsagenten der Rentenanstalt eine kombinierte Lebensversicherung mit Zusatz bei Krankheit oder Erwerbsunfähigkeit ab. 8500 Franken Jahresprämie knöpften mir die Banditen ab. Dass ich nun einen Schadenfall hatte, stand ausser Frage. Als ich mich meldete mit meinem Problem, wusch sich die Rentenanstalt die Finger rein. Das Schreiben nahm ich zu meinen Akten:

Schaden-Nr 8503.2836 (Bitte bei Anfragen angeben)

Sehr geehrter Herr Bruni,

Wir beziehen uns auf Ihre Schadenanzeige R, mit der Sie Erwerbsunfähigkeit seit dem 30. November geltend machen. Inzwischen sind uns verschiedene ärztliche Auskünfte zugegangen, weitere stehen immer noch aus ... Den uns bis jetzt vorliegenden Unterlagen müssen wir leider entnehmen, dass Sie wegen verschiedener Gesundheitsstörungen schon vor Antragstellung zu Police 8503.2836 die Hilfe mehrerer Ärzte in Anspruch nehmen mussten, die Sie im Antrag vom 20. März 1985 nicht erwähnt haben.

Da uns noch Auskünfte fehlen, steht im Moment nur fest, dass wir Sie in Kenntnis der verschiedenen Tatsachen nicht in der vorliegenden Form hätten versichern können. ... Wir bedauern, Ihnen keinen besseren Bescheid geben zu können, bit-

ten Sie aber um Verständnis. Mit freundlichen Grüssen, Rentenanstalt.»

Freundlich, wirklich sehr freundlich. Mein Verständnis hielt sich in Grenzen. Vielleicht ists mir ja recht geschehen. Wenn man mit mir eine Versicherung abschliesst, hier am Tisch, mir das Ganze noch einmal vorliest und dann ein Kreuzchen macht, ganz unten auf dem Blatt, und sagt, hier müssen Sie unterschreiben, und in Dreiviertelstunden ist das Ding abgetan – und wenn man dann das zwischen den Zeilen nicht liest, kann es einem halt so ergehen.

Bei Lörtscher

Glücklicherweise war ich immer noch auch Zivilschutzinstruktor. Zwölf Jahre machte ich das. Ein Kollege, der Lörtscher Werner, ebenfalls Instruktor, sagte mir: «Du, Werner, ich brauche einen Heiziger für nach Bern.» Er habe keinen. Niemand in seiner Bude könne Heizungen machen. Ich sagte: «Ich kann dir schon helfen, wann brauchst du einen?» «Nächste Woche», sagte er.

Am Montag ging ich hinüber zu ihm, um seine Bude auch von innen zu sehen. Ich fragte: «Hast du Heizigerwerkzeug, mit dem man werken kann?»

Er hatte. Es war vorsintflutlich. Ich riss damit einen Heizkessel heraus und stellte einen neuen hinein. Anderthalb Wochen habe ich dafür gebraucht. Ganz allein. Als ich das Werkzeug in die Bude zurückbrachte, sagte Lörtscher, ich solle zu seiner Mutter hinüber. Sie leitete das Geschäft damals noch. Sie sagte: «Herr Bruni, Sie haben uns jetzt aus dem Scheissdreck geholfen. Wollt Ihr nicht gleich bei uns bleiben? Ich stelle Sie sofort fest an.»

Ich dachte, das ist ja noch besser. Statt mich noch einmal in ein Fiasko zu stürzen… Die Anstellung war ein Glücksfall für mich. Sechzehn Jahre hat mir Lörtscher & Compagnie Brot und Arbeit gegeben.

Zerstreuung

Nebenbei war ich im Yacht-Club Spiez. Eher gezwungenermassen. Sie konnten einen Büezer gut brauchen. Ich wurde immer wieder angehauen: Du, Werner, könntest du dies, könntest du jenes, und ich gutmütiger Trottel sagte einfach nie Nein. Als die Weltmeisterschaft der Tempest-Klasse hier war, krampfte ich Freitag, Samstag und Sonntag. Bis diese Yachten mal im Wasser sind! Darunter gibt es welche, die werden das ganze Jahr kein einziges Mal abgedeckt. Manche der Segler hatten keine Ahnung, was es dazu alles braucht. Nachher dann schon. Segeln konnten sie.

Einer kam von Finnland mit seinem Anhänger. Seine Deichsel hing noch an einem Faden. Ich musste sie schweissen. Einem andern fehlten Schrauben, dem nächsten Muttern. Bei einigen Yachten mussten wir erst das Wasser auspumpen, bevor wir sie auf die Waage stellen konnten. Wenn sie das Gewicht nicht hatten, befestigte ich am Mastfuss Bleiplatten. Ich kam kaum ins Bett. Dafür stellten sie mir ganze Batterien von Bierkisten hin. Ich sagte: «Ich kann das Zeug nicht alles saufen. Sonst kann ich nicht mehr schweissen.» Da lernte ich, was segeln heisst. Was trinken heisst, wusste ich wohl.

Gewiss bekam ich auch Geld für meine Arbeit. Jeder Eigner steckte mir etwas in die Tasche. Ich erhielt ein paar wenige Nötchen und sehr viele Münzen. Die Münzen hingen schwer in den Hosentaschen. Münzen aus ganz Europa. Schwedische Kronen, finnische Mark, sogar deutsche Reichsmark waren dabei. Ich erkundigte mich bei der Raiffeisenkasse. Sie gaben mir einen Umschlag, in dem ich alles bringen sollte. «Ein Umschlag?», lachte ich, «ich brauche ein Dutzend.» Zu Hause sortierte ich die verschiedenen Währungen aus. Für die schwereren Häufchen nahm ich Konservendosen. Aber die Raiffeisenkasse wollte von Münzen nichts wissen. Sie waren bloss für einen guten Zweck.

Endlich sesshaft

Das Häuschen in Faulensee war für mich allein von Anfang an zu gross und zu teuer. Ich schaute mich nach einem kleineren Logis um und wurde fündig, wieder in Spiez, bei Erika und Erich Zürcher an der Bubenbergstrasse. Nicht dass ich in Spiez bleiben wollte. Spiez hat mich einfach behalten.

Platz war nicht viel, bloss zwei kleine Zimmer, aber gerade richtig für mich. Die überzähligen Möbel stellte ich ein. Dort hatte ich es gut und konnte ganz in der Nähe einen Parkplatz mieten, bis auch das wieder ein Ende nahm. Bald einmal mussten die Zürchers das Haus verkaufen, an Herrn Beutler – den neuen Besitzer des Hotels Seegarten. Ihm fiel nichts anderes ein, als mir mit dem Zins aufzuschlagen, und das akzeptierte ich nicht.

Wieder war ich auf Wohnungssuche. Im Yacht-Club kam das Gespräch auf das Thema. Segellehrer Baumann Hansjörg, genannt Bubu, sagte, sein Vater habe ein Wönigli zu vermieten, in einem Chalet. Nichts wie los, anschauen und den Finger draufhalten. Der Zufall wollte es, dass ich Baumann Werner, Bubus Vater, gut kannte. Er war pensionierter Rangiermeister bei der BLS. Vierzehn Tage später konnte ich zügeln. Zum letzten Mal bis heute. Bald ein Vierteljahrhundert bin ich jetzt schon hier zu Hause, am Rüttiweg 7 in 3700 Spiez. Länger als an jedem anderen Ort – und komme gut zurecht mit den Nachbarn zu allen Seiten.

Die Wohnung war zwar nicht geputzt, aber vier Frauen kamen mir helfen. Gute Leute gibts noch hie und da. Die überzähligen Möbel von Faulensee konnte ich wieder auslösen, die Vorhänge kaufte ich den Vormietern ab. Mitsamt den Lehnstühlen und sonst allem Möglichen. Gut genug, um es mir günstig und gemütlich einzurichten. Vieles musste ich auch wegwerfen. Die Kuchenbleche waren durchgerostet, es war eine Sauerei.

Von meinen besseren Zeiten habe ich nichts mehr. Gar nichts mehr. Einfach nichts. Nein, stimmt nicht: die halbe Wohnwand, die hier steht. Sie ist noch von damals. Die andere Hälfte steht bei Madame. Ich musste sie halt teilen mit ihr. Auch das Bett mussten wir halbieren. Mitten entzwei. Sie hatte ja ebenso nichts – und wird wohl noch etwas mehr von dem haben, was sie mir damals abgeknöpft hat. Nicht nur die Harasse für den Stubentisch.

Noch etwas anderes ist mir geblieben, fällt mir jetzt ein. Das sprechende Lexikon. Für 300 Franken hatte ich es einem jener Vertreter abgekauft, die mich im Dutzend heimsuchten, als es noch etwas zu holen gab. Aber es braucht neue Batterien. Ich habe schon lange nicht mehr reingehört. Zwischen den Seiten des dicken Buches sind Schallplatten eingeschoben. Man klinkt ein Kästchen über den Schallplatten ein, und dann … Nichts geht mehr. Mit neuen Batterien wäre dann der Originalton zu hören. Hitlers Aufruf zum totalen Krieg beispielsweise oder «Ich bin ein Berliner» von Präsident Kennedy. Eigentlich schade, dass nichts mehr geht, bloss wegen den Batterien. – Jetzt, da ich nochmals lese, was ich geschrieben habe, gehe ich sie auswechseln.

Nochmals «es Gärtli»

Mit zum Chalet gehört auch ein Riesengarten mit Spalierreben, Rasen und Bäumen aller Art. Das ist nach meinem Geschmack. Ich habe wieder ein Gärtchen. Bloss ist es nicht meins. Ich darf nur dafür sorgen. Das macht einen Unterschied. Immerhin. Baumann Werner war auch nicht mehr der Jüngste, und so konnte ich mich entfalten: die Beete umstechen, Gemüse und Blumen pflanzen, die Wege neu richten, vor dem Haus eine neue Terrasse mit Waschbetonplatten legen. Baumann Werner und ich verstanden uns wunderbar. Ich lebte wieder auf. Vergessen waren die trüben Zeiten. Mein Dasein bekam wieder eine andere Dimension. Ich wurde wieder gebraucht, das Arbeiten war wieder ein Dürfen.

Unter der Woche war ich auf Montage, einmal im Engadin, einmal im Wallis. Alles war okay. An den Samstagen war ich vom frühen Morgen an im Garten, bis mir Baumann Werner jeweils das Kabel rauszog und meinte: «So, jetzt mach endlich Feierabend!» Dann tranken wir ein Glas Wein, und ich konnte mich todmüde auf den Montag konzentrieren.

Es waren schöne Zeiten, so Hand in Hand zu arbeiten. Wenn Bubu Zeit hatte, packte auch er an, aber das Endresultat musste er mir überlassen. Ich konnte es nicht ausstehen, wenn die Gartenbeete nicht ganz gerade ausgerichtet waren –

so gerade wie einst die Furchen bei Tschanz. Das machte ich einfach. Es war mein Stolz, sollten die Leute auf der Strasse ruhig stehen bleiben.

Und dann, eines Freitags, als ich von der Montage nach Hause kam, musste ich vernehmen, dass Hansjörg (Bubu) gestorben war. Im Alter von 46 Jahren und drei Monaten am Tannenweg 53 in Spiez. Klar, was ihm das Leben kostete, bei seinem Beruf: Die Leber spielte nicht mehr mit. Er starb 1999, sein Vater, der Hausmeister, 2001. Heidi, die Tochter, die alles erbte, lebte mit ihrem Mann in München. Bei der Beerdigung sagte sie mir: «Jetzt habe ich auch den Vater nicht mehr. Werner, jetzt haben wir dich doppelt nötig. Wir brauchen jemanden, der zum Haus schaut. Wir können ja nicht so regelmässig nach Spiez kommen. Die Wohnung ist dir nicht kündbar, solange du lebst und solange das Haus steht.»

Das passte nicht allen in den Kram. Vor allem dem Christen Peter in Schwarzenburg nicht. Er war der erste und einzige Sohn von Greti, der Witwe von Werner. (Sie war Werners dritte Frau: Von einer war er geschieden, die andere war gestorben). Christen Peter war aus einer früheren Ehe von Greti. Entweder war ich ihm nicht sympathisch ... und er mir ja sowieso nie. Ein grossspuriger S... Er wohnte in Schwarzenburg und war in Bern bei der Polizei. Er begann zu regieren, als sei es sein Haus. Er ging so weit, dass Heidi und Andreas aus München (die Hausbesitzer) nicht mal drin logieren durften. Seine Mutter Greti verfrachtete er ins Altersheim.

Vor allem wollte er mich draussen haben. Aber da ging der Schuss hinten hinaus. Ich hoffe nur, dass er mir nicht zu oft über den Weg läuft. Schliesslich bin ich auch nicht ganz gratis hier. Ich bezahle 900 Franken Zins. Da bleibt nicht mehr so viel von der AHV. Besonders, wenn auch noch die Krankenkasse abgeht, jeden zweiten Monat. Das sind nochmals 600 Franken.

Gewiss reicht das noch zum Essen. Und auch noch für ein Bier. Aber in den Beizen rumhängen kann ich heute nicht mehr. Nicht nur wegen dem Geld. Auch wegen meinem Bruni-Grind.

Bundesbauten

Bei Lörtscher kam ich zu grösserer Büez, weit weg von den WCs, den Heizungen und ihren Zu- und Abwasserleitungen. Jetzt hatten wir grössere Bauten und in dickeren Rohren mehr Wasser und entschieden mehr Druck. Wir waren zwar nur zu dritt – ein Sanitärler (Italiener und Jahrgängler), ein Spengler und ich: eine Zwergkompanie, aber mit einem guten Namen und einem Draht ins Bundeshaus. Das brachte uns grosse Bundesbauten in den Bergen: Bunker, Stollen, unterirdische Spitäler, Kleinkraftwerke und solche Dinge. Alles, was einst das Reduit ausgemacht hatte. Je länger, je öfter waren wir wochenlang auf Montage und wohnten in Hotels, irgendwo in der Schweiz. Nicht in Luxusherbergen, aber das war mir recht. Was brauchte ich mehr als ein Bett, einen Stuhl und einen Stern. Fl. warm u. kalt Wasser.

Der Bund bezahlte gut – und ich lernte Dr. Chevillard kennen: den Chef der Bundesbauten in Bern. Er war stolz auf mich und ich stolz auf ihn. Er war ein super Mann. Unter vier Augen sagten wir uns Du. Marcel und Werni. Wenn das Gremium auftauchte, wurde er wieder zu Dr. Chevillard. Die Gremien kamen jeweils mit ihren Attachés in die Stollen, um zu fotografieren. Alles streng geheim. Sehr streng geheim. Ach, Blödsinn. Beim Mittagessen erfuhr man dann alles Mögliche von den Zeughäuslern. Die wussten Geschichten …

Ach, wir waren beide Vaganten, Chevillard Marcel und ich. Als ich in Altdorf war, rief er einmal an und sagte, die Heizung sei ausgestiegen. Bei ihm zu Hause in Bern. Der Kessel geplatzt.

Ich fragte: «Ist es ein grüner Heizkessel?» Sagt er: «Ja, ja. Und nebendran ist ein grosses Schildlein.» Sagte ich: «Ist es vielleicht ein CTC-Kessel?» – «So etwas steht drauf.» – «Schreib alles auf und gib mir wieder einen Funk.»

Er kam dann gleich persönlich vorbei, mit einem Foto des Schildleins. Grad noch vom Bunker aus bestellten wir den neuen Kessel.

Er fragte: «Du, wie können wirs machen. Musst du zuerst in die Bude?» «Eigentlich nicht», sagte ich. «Ich habe telefonisch bestellt, und was ich brauche, können sie mir schicken.» – «Ja, dann können wir den alten Krüppel ja gleich jetzt rausreissen.» – «Ja, das geht schon. Aber ich brauche meinen Karren für das Werkzeug, ich muss ihn dann halt verstecken.»

Wir fuhren gleich nach Bern, ich versteckte den Karren und riss den Krüppel heraus. Der neue war schon da. Und Helfer hatte Dr. Chevillard auch organisiert: den alten Kessel weg, den neuen hinunter in den Keller, anschliessen, Samstag, Sonntag, fertig. Am Montag war ich wieder an der Büez.

Am nächsten Samstag, Sonntag gings weiter. Ich füllte die Heizung wieder. In jener Zeit war ich dort mehr als zu Hause. Dr. Chevillard sagte: «Du schläfst hier.» «Du bist mir ein gefährlicher Heilandsdonner», sagte ich. «Zwei so schöne Töchter im erwachsenen Alter. Ja, hast du denn keine Angst um sie?» «Du dummer Hund», lachte er, «um dich herum ist kein Grund zu Angst.»

Ich dachte, wenn er alles wüsste … Hugo, der eine von Lörtschers zwei Söhnen, ist Lucie (einer der beiden Chevillard-Töchter) hinterherscharwänzelt. Einmal am Sonntag, als ich bei Dr. Chevillard war, sagte ich: «Ich muss noch nach Spiez, mal die Wäsche wechseln.» Als hätte sie darauf gewartet, meinte Lucie: «Komm, wir gehen mit meinem Auto.» Und prompt fuhr uns Hugo hinterher. Auf der Autobahn liessen wir mehr Sprit laufen. Aber er blieb uns auf den Fersen. Erst um Thun herum konnten wir ihn verseckeln. Abends, als wir wieder zurück waren, rief Hugo an: Ob sie in Thun gewesen sei. «Ja, wieso?» Sie habe ihren Freund bei sich gehabt, sagte sie ihm. Da war der Zapfen ab. Sie wurde deutlich: «Hör zu, Hugo, ich will von dir nichts wissen. Du bist mir zu wenig ein Mann.» Grad berndeutsch sagte sie das. Dafür hatte ich einen Stein im Brett.

Dr. Chevillard bezahlte mich fürstlich, und die Stunden schrieb ich für den Bund auf. Ihm konnte das egal sein. Er unterschrieb einfach alles. Das war kein Problem mit uns zweien.

Äxgüsi

Einmal in Wassen oder Amsteg, wo, weiss ich nicht mehr genau, waren Attachés zu Besuch angesagt. Der Zeughäusler fragte: «Werni, musst du noch Löcher bohren?» – «Ja doch, und zwar grobe Löcher.» Der Zeughäusler reichte mir Schäufelchen und Wischerchen: «Wenn du fertig bist, musst du unbedingt sofort alles sauber machen.» Ich hob etwas ungläubig die Brauen: «Übertreibs nicht. Ich scheisse doch nicht in die Hosen wegen den paar Brüdern, die da kommen.»

Schon morgens um acht standen sie da. Um Viertel nach neun ging die Glocke. Zeit für die Kantine, für einen Kaffee. Da kam so ein Brigadier und schwatzte an der Kaffeemaschine mit einem andern. Ich fragte: «Tschuldigung, Herr Brigadier, darf ich hurtig? Ich habe nur eine Viertelstunde Zeit.» Der Herr Brigadier brauste auf: «Ihr werdet wohl auch hinten anstehen können!» Ich sagte: «Herr Brigadier, ich bin zufälligerweise der Einzige, der da drinnen wärchet. Ihr könnt auch woanders schwatzen, nicht vor der Kaffeemaschine – ist das klar?»

Uuh, hat der mich zusammengeschissen. Was ich für ein frecher Sauhund sei. Ich hätte ab sofort nichts mehr zu tun im Bunker drin. Ich sagte nur: «Das kommt nicht auf dich drauf an, du ...» Ich hätte ihm gerne noch andere Namen gegeben. Aber ich verliess dann wieder den Platz und stiess auf Dr. Chevillard. Er sagte: «So denn schon nicht, dem bist du bös übers Maul gefahren.» – «Der Hornochs, wenn ers nicht einsieht! Ich habe ihm ja nur die Wahrheit gesagt.» – «Ja, ja, recht hast du ja. Aber darfst nicht so scharf.» Damit wars für mich erledigt. Wenn ich vom obersten Chef recht bekam ...

Es stimmt schon, ich kann eklig sein, wenns nötig ist. Ein richtiger Bruni-Grind. Die älteste Schwester sagt das oft: «Du mit deinem Bruni-Grind. Damit stierst du einfach alles durch.» Ich sage ihr dann: «Ohne den Grind wäre ich nicht das geworden, was ich geworden bin. Wem mein Grind nicht passt, solls bleiben lassen.»

Aber wenn ich nachdenke, wird mir klar: Hin und wieder stelle ich mir selber ein Bein. An allen Orten war ich der Beschissene. Aber eben. Durchbeissen. Bruni-Grind. Durchbeissen. Es ist so. Wer sich nicht wehrt, wird überfahren. Wie oft dachte ich: So nicht. Wartet nur, ihr Vaganten, ich will euch dann schon. Das Leben spielt halt manchmal verrückt.

Wein und Wahrheit

An manchen Orten war ich Stammgast, bis ich meine Meinung sagte. Dann war ich nicht mehr genehm. Einmal kamen die Offiziere vom 17. Gebirgsinfanterie-Regiment in meine Stammbeiz, das «Bellevue», als es noch nicht so chic war wie heute. Ogi Dölfu war auch dabei. Ich sass mit den Kollegen am Stammtisch. Der Dölfu sagte: «Salü Werner, wie tut es dir?»

Damals war er schon Bundesrat und hatte noch die Uniform. Wir kannten uns vom Dienst. Ich war ja auch im 17. Er gab mir die Hand, und sein Adjutant, im Obersteg Kürtel, Schreinerei in Thun, der war sein Privatchauffeur. Sagte der Ogi Dölfu: «Ich kann mich jetzt nicht mit euch zum Roten setzen. Ich muss gleich hurtig weiter nach Bern. Also, machs gut, Werner. Tschau.»

Da wurden die Kollegen am Stammtisch muffig, dass er einzig mich gegrüsst hatte. Ich sagte: «Geht, sagt es ihm. Sagts ihm doch.» Aber sie gingen nicht und sagten nichts.

Als Ogi und die Offiziere gegangen waren, kam die Serviertochter zurück mit den ganzen Tabletts mit Wein, den sie von den Offizierstischen abserviert hatte. Die Offiziere hatten gemeckert: Solchen Essig könne man anderen verkaufen, aber nicht ihnen. Den könne man nicht saufen. Das waren noch Offiziere. Die Wirtin schüttete Glas für Glas zurück in die Flasche. Für uns Pinggel am Stammtisch sollte er gut genug sein.

Das hat mich so furchtbar gestört, dass ich es ihr gleich zurückgeben musste: «Die Pinggel, die jeden Tag bei dir hocken, die kriegen jetzt diesen Krüppelwein aufgetischt, den die Offiziere nicht schlucken. Dass du den jetzt umschenkst … Ich hab es gleich gesagt: Du bist im Niveau ziemlich untendurch.» Seither mieden mich die Kollegen.

Vor einer Weile ging ich wieder mal hin. Ein paar der alten Kollegen waren dort. «Herrje, der Werner, du?! Kommst auch wieder mal?»

Aber eben. Es hat sich vieles verändert. Die Beizen laufen nicht mehr wie einst. Es zieht mich nicht mehr dorthin. Lieber gehe ich in die Migros einkaufen und hole mir nebenan zwei Cachot Bier. Ich kann mein Bier auch zu Hause kippen. Da muss ich nicht mehr heimlaufen. Ich muss sowieso aufpassen wegen dem Blut. Es wird mir bald einmal sturm im Kopf, und das wäre gefährlich unterwegs. Es ist ja nicht nötig, dass ich noch öfter in die Blutkontrolle muss.

Weisshorn

Am liebsten war es mir immer in den Bergen gewesen. Manchen Samstag und Sonntag zog es mich hinauf. Meistens ging ich allein. Nichts fand ich verfluchter, als wenn es nicht vorwärtsging. Einer mag nicht laufen, einer nicht lüpfen. Also lieber auf meiner eigenen Spur. Bloss eine Wentele Cognac war immer dabei. Sie war mein bester Kamerad.

Bei Lörtscher kam ich voll auf die Rechnung. Ich hatte die Berge, und ich hatte die Büez. Sogar im Winter bei grösster Kälte werkte ich gerne hoch oben in der Freiheit auf einem Bau. Besser als tatenlos in einer Wohnung rumhocken.

Im Bündnerland, von Arosa aus, bauten wir die Hochspannungsmasten über das Weisshorn zusammen. Übernachten konnten wir in der Hütte. Sobald es hell wurde, gingen wir raus in die Kälte. Von den Masten oben sahen wir 1000 Meter fast senkrecht in die Tiefe. Das hat mir nie nichts ausgemacht. Schwindelfrei bin ich immer gewesen, zum Glück. So konnte man mich für vieles brauchen – und missbrauchen. Ich hing im Gstältli mit der Schlinge am Mast. Die Hände brauchte ich frei, um die vorfabrizierten Teile vom Haken des Helikopters zu holen.

Wir waren drei Mann. Einer führte die Seile, zwei hingen im Gstältli, führten die Teile zum Schraubenloch und steckten einen grossen Nagel hindurch, damit der Heli wieder wegfliegen konnte. Dann zogen wir die Schrauben mit dem Drehmomentschlüssel fest. Wenn einem der Schlüssel aus den Händen schlüpfte, musste man ihn nicht mehr suchen. Er fiel ins Bodenlose hinab. Einen Schlüssel zu halten, ist gar nicht so einfach, wenn einem der Wind die Finger klamm pfeift. Bei dreissig Grad Minus hatte man nicht mehr immer alles ganz sicher im Griff. Wir trugen zwar geheizte Handschuhe, aber mit offenen Fingern. Sie blieben gerne kleben am Eisen. Haut und Fleisch ist selten kleben geblieben. Es riss bloss den Dreck weg.

Schade, gibt es keine Fotos. Aber wie hätten wir abdrücken können? Wir hatten schon für die Schrauben zu wenig Hände. Fotografieren konnte ich erst später. An der Stockhornbahn und am Gotthard, beim Sellasee oben.

Sanitär im Grossformat

Eines der ersten Grossprojekte bei Lörtscher war die Wasserversorgung Blumenstein-Blattenheid im Berner Oberland gewesen. Man musste kilometerweit laufen, neben den Leitungen her. Das trieb den Schweiss aus den Poren, besonders im

Sommer. Wir fassten das Trinkwasser aus den quellreichen Alpweiden zusammen für die Gemeinden Blumenstein, Brenzikofen, Forst, Gurzelen, Herbligen, Jaberg, Kienersrüti, Kiesen, Oppligen, Seftigen, Thierachern, Uetendorf, Uttigen und Längenbühl, wenn ich mich recht erinnere. Dann kam die Wasserversorgung am Leuggelbach in Breitenstein, Kanton Glarus. Es war so saumässig mühsam und steil. Man musste alles im Rucksack mittragen. Die Sonne brannte, und weitläufig war es auch.

Kaum waren wir fertig, legten wir die Druckleitungen am Stockhorn von Erlenbach hinauf zur Mittelstation. Jetzt, wo alles läuft, kann man sie vom Bähnlein aus sehen. Um den Helikopter zu sparen, mussten wir fast alles tragen. Das war eine schwere, verdammt schwere Büez. Nur, wer tüchtig berggängig war, mochte das prästieren. Am Morgen ein Plegerrucksack, das Material und alles zusammen die steile Wand hinaufferggen. Oben hätten wir umfallen können vor Müdigkeit, aber die Arbeit fing ja erst an. Ein Wehleidiger hatte da nichts zu suchen. Und jetzt, wenn ich da sitze und schreibe, bleibt mir nichts anderes übrig, als in den Erinnerungen zu schwelgen. Das wurmt mich dann schon, von meinem Balkönchen am Rüttiweg aus zu sehen, wie andere mit dem Rucksäcklein bergwärtsflanieren.

Auf der Sella-Staumauer

Das Schönste aber war der Gotthard. Und auch das Grösste. Von der Sella-Staumauer aus abwärts bauten wir eine Überlaufleitung. Wir fassten das überlaufende Wasser an der Mauer und führten es in einer Druckleitung in das Kleinwasserkraftwerk Sella, das die rund 100 Meter Höhendifferenz zwischen dem Sella-Stausee und dem Lucendrosee nutzt, um die umliegenden Weiler mit Wasser und Strom zu versorgen. Aus Rücksicht auf die Landschaft mussten wir die Druckleitung vollständig in die Erde verlegen.

Einen ganzen Sommer waren wir da oben. Ich ging schon drei Wochen vor den andern hinauf, um ganz oben, am Fuss der Sella-Staumauer, das Rohrlager einzurichten. Wir hatten grosse Holzbalken, um jedes Rohr einzeln zu verkeilen. Damit sie auch hielten, wenn der Heli kam. Wir hätten uns nicht erlauben können, dass ein Rohr wegrollte. Sonst hätten wir es ja nicht hinaufbringen müssen.

Die Rohre waren fast 1 Meter dick und bis zu 12 Meter lang. Stück für Stück unterschiedlich, nach Mass, je nach Gelände. Sie waren so schwer. Ein genügend starker Helikopter war schwer aufzutreiben. Schliesslich mieteten wir einen russischen Kamow. So ein Monster ist mir vorher und nachher nicht unter die Augen gekommen. Der Pilot war ein Kanadier. Zwei Russen logierten mit ihm in einem Wohnwagen. Sie liessen sich nur blicken, wenn das Monster zum Auftanken zu Boden ging. Abends deckten sie es zu, morgens wieder ab. Sonst merkte man nichts von ihnen. Reden mit ihnen konnte ich nie. Aber das hat mich nicht weiter gestört.

Als es mit dem Heli losging, wurden wir gleich zweimal eingeschneit. Ich musste dicke Decken von Schnee wegwischen, um sicherzugehen, dass ich nicht ein falsches Rohr schickte. Aber meistens war das Wetter in Ordnung und liess einen das schlechte augenblicklich vergessen. Mir war sowieso jedes Wetter recht. Ich sage noch heute: Das Wetter ist gäng besser als die Leute.

Alles in allem waren wir acht Mann, mit dem Piloten neun. Bei meinem Rohrlager auf der Sella-Staumauer war ich allein mit einer Menge von Zuschauern. Für sie war eine grosse, ebene Plattform gebaut worden. So grosse Baustellen locken immer ein Publikum an, als wären wir Showstars. Die Zuschauer packten ihr Picknick aus, und ich nummerierte die Rohre mit einer Spraydose nach Plan. So wusste ich immer genau, welches ich anhängen musste. Dann bereitete ich das Spanset fürs nächste Rohr vor. Damit der Heli, wenn er wieder kam, nicht zu tief kommen musste, sonst fegte mich der Wind des Rotors über den Platz. So ein Heli war das. Das erste Mal hatte es mich gerupft und gefedert. Ich flog weit. Nun wusste ich: Wenn ich winke, er solle ziehen, muss ich mich schleunigst ins nächste Rohr verkriechen. Da kommen rechte Chempen geflogen.

Die Montage der Druckleitung weiter unten war Präzisionsarbeit mit schweren Tonnagen. Der Pilot musste jedes Rohr passgenau zum andern absetzen. Noch das kürzeste war so schwer, dass wir bei der Platzierung höchstens mit der Stockwinde leicht nachhelfen konnten. Jedes Rohr hatte beidseits eine Kupplung mit je einem Gummiring und einem Flanschenring. Sobald der Heli wieder weg war und keine Chempen mehr durch die Luft flogen, zogen wir die 48 Schrauben rundum fest.

Erst wohnten wir im Gotthardhospiz. Der Wirt kam von Innertkirchen, jenseits des Sustens. Metzger Abplanalp. Er hatte drei Söhne, und einer davon hatte seinen Betrieb übernommen. Darauf las Abplanalp Nöldu ein Inserat, dass jemand für das Gotthardhospiz gesucht wurde. Er hat es manche Jahre gemacht. Ob er immer noch oben ist, weiss ich nicht. Ein urgemütlicher Mann. Wir waren gerne bei ihm. Aber bald kam die Armee, und wir mussten zügeln. Die Offiziere wollten die Hotelzimmer.

Nun logierten wir in der Skihütte des Ski-Clubs Altstetten,

Zürich, etwas links oberhalb der Sella-Staumauer. Mein italienischer Arbeitskollege spielte Küchenchef und kochte für uns. Aber eben, er kochte halt italienisch. Spaghetti, Makkaroni und manchmal einen Mafiakuchen. Pizza mit diesem ganzen Klimbim obendrauf. Darauf habe ich nie viel gegeben. Gewiss habe ich es gegessen. Essen musste man ja. Lieber wären mir Rahmschnitzel mit Nudeln gewesen. Aber so ein Herrenessen konnte man da oben nicht verlangen.

Um uns heimisch zu fühlen, stellten wir eine Fahnenstange auf und zogen die Schweizer Fahne auf. Mangels warmem Wasser ferggten wir zum Duschen einen Boiler hinauf und befestigten ihn an der Stange, mitsamt einem Duschvorhang. Aber keiner blieb lange barfuss auf den steinernen Platten am Boden. Winden tuts da oben, dass man nicht mehr grad stehen kann, fast als wäre der Russenheli am Werk. Es wurde so mohrenkalt, dass du dir gut überlegt hast, wie lange du duschen willst. Aber duschen musste man einfach. Der Dreck und Staub, den der Rotor des Helis aufgewirbelt hatte, ging durch alles hindurch, bis in die Knochen.

Faule Siechen konnte man keine gebrauchen. Das merkten sie bald auch selber. Ab und zu stieg einer aus, weil es ihm verleidet war. Ein Zeit lang hatte ich noch zwei Temporäre bei mir, denen ich nicht viel zutraute. Sie rochen schon am frühen Morgen nach den Joints, die sie in rauen Mengen verbrannten. Sie waren süchtig, brauchten sie dringender als Essen. Zum Frühstück kamen sie selten. Bloss abends zeigten sie sich manchmal am Tisch. Aber alle Achtung, sie hielten durch.

Abends gingen wir gerne hinunter ins Hospiz ein paar Biere verdrücken. Oder auch eine Zwei-Liter-Flasche Roter war schnell weg. Jawohl, es wurde tüchtig geölt am Feierabend – und gejasst, bis wir nicht mehr aufhören konnten. Es war wunderbar. Erlebnisse waren das. Davon kann ich heute nur noch träumen. Bloss verdienen konnte man auch nicht mehr als anderswo. Gebirgszuschlag gab es jedenfalls nicht. Aber kam es darauf an? Hie und da hatte ich eine Stunde frei, ging wandern, und wenn es im Sommer allzu heiss war, legten wir uns hinter einen Felsen für eine Pause.

Später fuhr ich vom Tessin aus mit meinem Chauffeur-Kollegen Glauser Fritz noch einmal hinauf. Das Wetter war schön, und ich sagte: «Wollen wir nicht statt durch das 17-Kilometer-Stinkloch obendrüber?» Er meinte: «Also.» Das war ein schönes Fest. Die Serviertöchter, die Küchenmannschaft... Alle waren noch da. Beim Abplanalp Nöldu blieben sie gerne für manches Jahr. Wenn es einschneite, hatten sie Ferien, und für die Wintersaison gingen sie alle zusammen über den Oberalp nach Sedrun. Er war ein senkrechter Wirt, der nicht in der Wirtschaft herummöggen musste. Jeder wusste, was er zu tun hatte, und tat es auch gern.

Wegen Redimensionierung

Der Alte in der Bude, Lörtscher Werner, war ein Glücksfall für mich. Ich kannte ihn eigentlich gar nicht – und brauchte ihn auch nicht zu kennen. Alles lief wie von allein. Aber er zog sich langsam zurück, und die beiden Jungen, der Hugo und der Kürtu, beide zusammen, hatten das Werken nicht erfunden. Sie wollten es auch nicht vom Vater erlernen, obwohl er selber Lehrmeister war.

Sie waren beide zu faul. Zum Beispiel: Wenn ich telefonisch Material bestellte, kamen sie nicht oder brachten nur die Hälfte. Und kaum waren sie dann da, schauten sie auf die Uhr, um zu sagen: «Also denn, tschau, ich muss sofort weiter nach

Zürich. Wenn ich zum Essen in die Beiz ging, sassen sie immer noch dort und gönnten sich eins. «Ihr seid Lugihunde», sagte ich. Lugihunde waren sie, auch wenn sie es nicht wahrhaben wollten.

Was sie verdummen konnten, haben sie verdummt. Leider. Sie konnten nicht mit der Unregelmässigkeit der Aufträge umgehen. Manchmal hatten sie keine Büez, doch kaum hatten sie wieder, sahen sie sich für keine weitere um. Tatenlos warteten sie ab, bis sie bald wieder mit leeren Händen dasassen. Aber das Leben ging weiter. Dr. Chevillard hatte mir, schon lange bevor es so weit war, gesagt: «Werner, wie die fuhrwerken, muss ich eines Tages sagen, so nicht mehr.»

Als ihnen der Bund keine Arbeit mehr gab, war natürlich Schluss. Ein zweites Mal kommt man beim Bund nicht mehr rein. Das ist ein ungeschriebenes Gesetz. Wer nicht spurt, ist weg. Für immer. Genügend andere drängen sich um den freien Job.

Am Ende waren sie auch noch unfair mit mir. Immer hatte ich allen Dreck für sie gemacht. Und dann, mit 62, nahmen sie mir die Büez.

Geflogen

Quer über den Flugplatz Belpmoos verlegten wir Leitungen für das Abwasser, das beim Waschen und Enteisen der Flieger anfällt. Beginnen konnten wir erst nachts um 10 Uhr, nach dem letzten Flug: einer Maschine der Air Grischa mit einer Pilotin aus Faulensee, mit der wir jeweilen Funkkontakt hatten. Bis wir morgens um 5 Uhr für die früheste Maschine die Piste wieder freigeben mussten, krampften wir unter Scheinwerfern pausenlos die ganze Nacht hindurch. Ohne Zuschlag, ohne Nachtzuschlag, überhaupt ohne nichts. Es hiess, wir könnten dann kompensieren. Ein paar Wochen später, als alles fertig war, räumten wir das Werkzeug weg, putzten alles und lagerten es ein. Kürtu und Hugo sagten dann: «Jetzt könnt ihr Ferien nehmen. Aber nicht alle aufs Mal. Einer oder zwei sollten schon noch da sein – und du, Werner, kommst noch hurtig ins Büro hinüber.»

Hugo ging mit mir und machte die Tür hinter uns zu. «Werner», sagte er, «es tut uns leid, wegen Redimensionierung sind wir gezwungen, Personal abzubauen.»

Schön gesagt. So eine Zwerg-Compagnie und redimensionieren! Wenn ein Mann abgebaut wird, bleibt nicht mehr viel übrig. Sie hatten einfach keine Büez mehr für mich. So bekam ich den blauen Brief. Das Geschäft hatte abgewirtschaftet. Dr. Chevillard hatte es mir genau erklärt: «Wenn die so weiterwursteln, ist es entweder mit mir fertig oder mit ihnen.» Nun, zuallererst war es mit mir fertig, Bruni Werner.

Eine Zeit lang war ich noch hinter ihnen her wegen der Nachtarbeit und dem Feriengeld. Aber etwas herausholen konnte ich nicht. Es gab nichts mehr zu holen. Heute ists mir egal. Lörtscher & Compagnie ist verhudelt, verkauft. Was sie jetzt machen, weiss ich nicht.

Irgendwie war es mir lieber, rausgeflogen zu sein, statt den ganzen Tag in der Bude zu stehen mit den Händen im Sack. Sollte ich mich hintersinnen? Ich hatte gelernt, dass es schon irgendwie weitergeht.

Denk mal

Ich bewarb mich hier und bewarb mich dort. Warum schrieb mir keiner zurück? Wo ich doch alles konnte als San.-Installateur und als Heiziger und manches anderes, von dem die anderen die Finger liessen. Ich scheute vor nichts zurück. Vor keiner Arbeit. Etwas grübeln musst du einfach. Sonst schämst du dich fast, abends ins Bett zu gehen, und kannst nicht schlafen. Bist nicht müde und drehst dich hin und her.

Schliesslich ging ich auf die Gemeinde. Die vom RAV sagten mir: «Herr Bruni, jetzt hört auf mit Bewerbungsschreiben. Es hat keinen Sinn für Euch.» Ich rief die Firma Klaeger AG in Bern an. Dort war ich ein paarmal Entlehnter gewesen. Die Jungen hatten unterdessen das Geschäft übernommen, aber der Alte kannte mich noch. Er sagte: «Denk mal. Wie lange willst du noch krüppeln! Ich kann dich nicht nehmen. Ich habe schon einen, der gleich alt ist wie du. Du kämst mich zu teuer.»

In Interlaken klopfte mir der Prüfungsexperte des Licht- und Wasserwerks, der Mühlemann Werner, auf die Schulter und meinte genau dasselbe: «Ich habe schon einen wie dich.»

War ich jetzt das Pferd, das nicht zieht? Man brauchte mich nicht mit der Peitsche zu schlagen. Ich wollte weiter ziehen. So werkte ich im Arbeitslosenprogramm der Gemeinde Spiez. Rasen mähen, Stauden zurückschneiden. Mit der Häckselmaschine zog ich durch die Strassen den Gartenabfällen hinterher. «Arbeit statt Almosen», nannten sie das.

Im Toilettenhäuschen der Baracken im Leimern oberhalb von Spiez machte ich Heizung und Sanitär. Grundputz,

Anstrich, Plättli verlegen, die Türe streichen. Und dann die Fernleitung für die Heizung von Baracke zu Baracke. Von Grund auf habe ich das alles alleine gemacht. Sogar die Glasbausteine habe ich selbst eingemauert. Das hatte ich vorher noch nie gemacht, aber es kam doch artig gut. Weil es niemand besser konnte, liess man mich machen. Das machte ich gern. Ich fühlte mich frei. Niemand brauchte mir etwas sagen. Fast bin ich stolz darauf. Da oben in diesem Scheisshaus habe ich mir mein Denkmal gesetzt.

Das haben auch die von der Gemeinde geschätzt. Bevor ich fertig war, kamen sie schon: «Du, Werner, wann läuft dein Vertrag aus?» Sage ich: «Nächste Woche.» – «Also, das muss ich gleich melden. Du musst sofort verlängern.» Sage ich: «Uhh, nein, nein. Nichts verlängern. Ich bin fertig. Ein Denkmal reicht mir. Ende nächste Woche werde ich 65. Ich will nichts mehr wissen.»

So brachte ich es fertig, bis 65 durchzubeissen. Was wollte ich anderes? Hauptsache, ich konnte bis zur AHV überbrücken.

Zum Abschied gaben sie mir diesen Plegerchloben eines Holzwürzen auf dem Tischchen in der Laube. So eine Umdrehfigur. Auf der einen Seite ist ein Fabelgesicht, auf der anderen E.T.

Dolce far niente

An meinem Leben hat sich im Ruhestand nicht viel geändert. Ich brauche nur wenig. Mein Gärtli und am Feierabend ein Bier, das bin ich. So komme ich mit meiner AHV zurecht. Manchmal etwas besser, manchmal etwas weniger gut. Ich will nicht klagen. Ich nehme es ruhig. Aus lauter Langeweile muss ich etwas tun. Lilien in Saaterde aus Samen aufziehen statt bei der Migros die Knollen kaufen, das lasse ich mir bis heute nicht nehmen!

Im Winter setze ich Puzzles zusammen, ziemlich grosse. An einem 3000er habe ich bald einen Monat, wenn ich jeden Abend rangehe. Das kann einen wunderbar beruhigen. Und wenn man fertig ist und es aufgeklebt ist, hat man eine Landschaft. Schön genug für ein Bild an der Wand. Puzzles legen und Teppiche knüppeln, das mag ich. Jawohl, eigenhändig habe ich einen Gebetsteppich geknüpft. Und sonst?

Alice ruft mich alle vierzehn Tage mal an. Meine älteste Schwester, die mich damals ins Welschlandjahr eskortiert hat. Seit ihrem Haushalt-Lehrjahr bei Notar Bichsel hat sie allerlei gemacht. Wenn jemand von uns sieben Geschwistern erfolgreich war, ist es Alice. Sie bestand die Wirteprüfung und ging zur Weiterbildung nach England. Erst führte sie die Gemeindestube in Steffisburg und dann ein Altersheim in Luzern. Das Geld, das sie verdiente, brauchte sie immer für sich. Sie besuchte uns auch selten und wusste warum. Sie dachte: Wenn ich komme, muss ich höchstens noch etwas brennen. Drum kam sie so selten.

Mir war das auch recht. Mit ihrem ewigen Jammern und Klagen. Hier zwickts und dort zwackts, und immer kommt sie mit diesem Rückenweh. Sage ich jeweilen zu ihr: «Du, Alice, hast du jetzt telefoniert, um zu jammern?» Das habe ich abgeschafft. Wenn einer im Dorf oben fragt: «Wie geht es dir?», sage ich: «Gut.» Die sollen sich nicht freuen können über Jammern und Klagen. Das bringt nämlich grad nichts. Da komme ich Alice auch stur vorbei. Das telefoniert sie dann ihrer Schwester. Eben, ich sei ein Ekel. Mit meinem Bruni-Grind. Ist mir doch egal. Ich muss mein Leben leben. Es hilft mir auch niemand. Es hat mir auch vorher niemand geholfen. Nein, stimmt nicht. Über Frau Kissling, meine Mutter und die Brüder Tschanz lasse ich nichts kommen.

Rollentausch

In der RS 1956 hatten sie uns gefragt, wer Blut spenden wolle. Ich sagte: «Sowieso, jederzeit.» Fünfzig Mal habe ich seither gespendet. Mindestens. In jedem WK. Im WK lohnte es sich besonders. Da hattest du hinterher einen halben Tag Ruhe. Wir gingen gleich in die Beiz nebenan und füllten das verlorene Blut mit Rotem wieder auf. Das war ein Plus. Die andern, die Angst vor Blut und Nadeln hatten, mussten ausrücken. Auf den Türk.

Auch zivil boten sie mich öfter mal auf. Manchmal kamen sie sogar auf den Bau, um mich zu holen. Das ging bei mir so schnell, ich brauchte keinen Finger zu rühren. Schon war die Nadel drin, und bevor sich die Schwester umsah, musste ich rufen: «Schwester, Schwester, kommen Sie schnell, die Flasche ist voll.» Und weg ging ich, auf die Strasse zurück. Das machte mir nie nichts aus. Ich war so superzwäg. Einmal in einem Spital wurde ich gerufen, durch einen Vorhang hindurch direkt zu spenden. Von Vene zu Vene. Dort nahmen sie mir zu viel. Auf dem Gang draussen machte ich eine Pirouette.

Jetzt brauche ich selber Blut von Spendern, wie ich einer war. Seit über sechs Jahren doktere ich schon herum. Stets heisst es, ich habe zu wenig Blut, zu wenig Blut. Wo geht das Blut hin?

Hauenstein, Forts.

Als meine Blutarmut anfing, war mein grosser Chef von einst nur noch ein Schatten seiner selbst. Der grösste Steuerzahler von Thun, und wahrscheinlich vom ganzen Berner Oberland, hatte unterdessen zwei Herzinfarkte und eine Streifung hinter sich. Aber eines hatten wir noch immer gemeinsam. Wir konnten das Krampfen nicht lassen. Er war gerade an einer neuen Hundert-Millionen-Überbauung und liess sich von seiner Frau im Landrover von Baustelle zu Baustelle führen.

Als ich ihn mit Christoph Müller ein letztes Mal in seiner neuen Villa besuchte, erkannte ich ihn kaum wieder. So schwach war er. Man musste ihn fast führen durch seinen Garten. Der war sein Hobby, mit säuberlich ausgerichteten Beeten, wie ich sie kaum säuberlicher hingekriegt hätte. Millionär war er noch mehr denn je, gleich hundertfacher. Am andern Ufer des Thunersees hatte er sich sein Paradies eingerichtet. Ein Neubau mit allen Schikanen des Luxus. Der Generalkonsul des Fürsten von Monaco hatte einst hier gewohnt. Eiger, Mönch, Jungfrau, der Niesen und die Blüemlisalp. Das ganze Berner Oberländer Panorama lag nahtlos vor ihm. Bis hinüber zum Stockhorn. Im Bootshaus lag die Yacht, mit der Fürst Rainier einst einen jungen amerikanischen Filmstar namens Grace Kelly ausgeführt hatte.

Wirklich schön alles. Superschön. Doch manchmal dünkt mich, man kann es auch allzu schön haben. Man konnte den Reichtum riechen. All das Gold und der Marmor! Ich scheute mich fast, auf die Toilette zu gehen durch die Säulenhallen und Spiegelgänge, vorbei an Karpfenbecken und Polstergruppen in Zebramustern, etwa so, wie ich mir Las Vegas vorstelle. Sollte ich meinen Chef von damals beneiden?

Er raffte sich nochmals auf. Dann ging es rasch und endgültig abwärts. Zum Sterben kam er aus dem Spital nochmals nach Hause. Ich war in Steffisburg an der Beerdigung. Welch eine Beerdigung. So viele Leute. Von überall her kamen sie. Tausende. In der Kirche war längst kein Platz mehr. Ich musste draussen vor der Tür stehen. Es gab Lautsprecher hinüber zum Kirchgemeindehaus. Fast wie damals in Lausanne bei General Guisan. Hauensteins Millionen zogen die Leute an wie Fliegen das Licht. Mir hatten sie, wenn ich auf Bettelbriefe keine Antwort gab, geschrieben, das letzte Hemd habe keine Taschen. Wie oft hatte ich das zu hören bekommen. Jetzt, als sie Hauensteins Sarg hinabliessen, dachte ich wieder daran. Als Bub, wenn ich mit Tschanzens Ross den Leichenwagen brachte, war mir immer ganz anders, festlich zumute gewesen.

Als es fertig war, ging ich auf ein Bier. Die Leute waren in allen Wirtschaften rundum. Ein paar Architekten gaben mir noch die Hand, einige grüssten mich. Ingenieure, mit denen ich zu tun gehabt hatte. Von den Verwandten habe ich keinen gesehen. Aber so ist das. Der Mohr hat seine Schuldigkeit getan. Jetzt konnte ich gehen. Es war ein trauriger Abgang. Mit Hauenstein Walter komme ich bis heute nicht klar.

Das Lotto und das Glück

Lotto spiele ich wie eh und je. Immer noch mit den gleichen Zahlen, seit über dreissig Jahren: 11, 40, 29, 2, 33, 15, Zusatzzahl 31. Sie haben gezeigt, dass sie etwas taugen. Es bleiben meine Glückszahlen, auch wenn das Glück kurz war.

Klar, es ist manchmal gar nicht so einfach, dass heute alles weg ist. Aber ich bin glücklich, dass ich diese «unbezahlbare» Erfahrung machen konnte. Mit dem, was ich noch habe, bin ich weitaus zufrieden. Es war sowieso nie ganz mein Fall, so mit den Banken und solchen Dingen. Deshalb: Einen ganzen Zettel, wie früher immer, fülle ich nicht mehr aus. Sonst lässt mich der Teufel nochmals gewinnen.

Nein, das wünsche ich keinem. Zuallerletzt mir. Ich möchte um kein Geld mehr einen Sechser. Um kein Geld eine Million vom Himmel geregnet. Gut, vielleicht so ein Sackgeld, 100 000 Franken oder so, das wäre nicht schlecht.

Was ich machen würde damit? Sicher nicht mehr dasselbe wie letztes Mal! Verschenken vielleicht? Wer drankäme, auf jeden Fall, das wäre die Rettungsflugwacht. Meine Kollegen von der Bohag. Berner Oberländer Helikopter AG. Zweimal haben sie mir das Leben gerettet. Und noch viel öfter bin ich mit ihnen geflogen. Für die Firmen, als wir diese Wasserversorgungen machten. In Blumenstein, Blattenheid und in Breitenstein, am Leuggelbach.

Das letzte Grosse, was ich noch gemacht habe, war in Kandersteg oben, auf der NEAT-Baustelle. Das Ogi-Loch, sagte man damals, schon bevor Dölfu Bundesrat wurde. Das war tief drinnen im Fels ein unüberschaubares Netz von Kavernen und Kasernen, für die Herren im Land als Reduit, aus dem man ohne Plan den Ausgang kaum wieder fand. Wir machten die Rohraufhängungen und die Konsolen für die Abluftventilatoren. Es war eine schöne Zeit. Ich fühlte mich nirgends besser als im Gebirge, selbst wenn man unter Tag werkte. Doch nirgends war das Glück des Himmels so mit Händen zu greifen wie im Helikopter. Ja, der Bohag könnte ich Hemd und Hose verschenken, mitsamt dem, was sich dann noch in den Taschen befindet.

Gelegentlich am Dienstag und Freitag gehe ich wie einst ins Lottostübli in Spiez. Aber gar nicht immer. Es ist nicht mehr das Gleiche. Abends, wenn die Büezer kommen, ist es gestopft voll, und am Tag nehmen viele die Kinder mit, dass ich mich schon fragte: Sind wir im Lottostübli, oder sind wir im Kindergarten. Aber die, welche mich finden wollen, finden mich immer noch.

PS

Sechs Jahre war ich am Doktern. Als ich vom Hausarzt erfuhr, dass er eine Rückenmarkpunktierung machen will, sagte ich: «Geben Sie bloss acht auf meinen Rücken. Ich brauche ihn noch.» Sechs Jahre ists her. Ich sagte zum Hausarzt: «Jetzt habe ich kein Zutrauen mehr zu Ihnen. Ich will ins Spital.»

Dort steckten sie mir bei jeder Öffnung, die ich habe, Schläuche hinein, jeden Tag einen andern. Dr. Lüthi kümmerte sich persönlich. Er war Chefarzt der Onkologie. Zu ihm hatte ich sofort Vertrauen. Er sagte, er sage es mir nicht gern, aber es sei Leukämie. Die weissen Blutkörperchen fressen die roten auf. Viel machen dagegen kann man bis heute nicht. In meiner Schulzeit hatte das «Blutzersetzung» geheissen. Man sagte dann: Fort mit ihm ins Spital, den siehst du nicht mehr. Der kommt nicht mehr zurück.

Ich schluckte Tabletten, spritzte Eisen... Dann sagte ich: Den Seich will ich nicht mehr. Das Zeug fresse ich nicht mehr. Ich begann zu hirnen und sagte mir: Wartet nur, das schreibe ich jetzt auf. Nicht jeden Tag. Das konnte ich nicht. Aber manchmal geriet ich in so ein Fahrwasser, schrieb drei, vier Seiten an einem Tag, bis ich nicht mehr wusste, wo mir der Grind steht. Wenn mir etwas Neues in den Sinn kam, muss ich das Alte nur durchlesen, um den Faden wieder zu finden. Und weiter gings – bis ich es Müller Christoph zeigte. «Heiligecheib, Heiligecheib», sagte er: «Schreib weiter, Werner, da musst du etwas draus machen.»

Woher ich den Mumm nahm, weiss ich selber nicht. Wenn etwas nicht stimmt, hätte ich gar nicht erst anfangen müssen. Etwas, das nicht stimmt, hat zu schreiben keinen Sinn. Etwas dazutun kommt nicht in Frage. Es wird nur falsch. Das zerreisst man am besten grad wieder. Aber jetzt liegt es da, schwarz auf weiss, Seite um Seite. Zwischen zwei Deckeln wie ein richtiges Buch. Von Christoph habe ich nötige Geduld und Ruhe gelernt. Dafür bin ich ihm dankbar.

So, das wärs, was ich niederschreibe wollte.

Mit freundlichem Gruss
Bruni Werner

Lottologie

Lotto sei das Wertpapier des kleinen Mannes, sagt man. Keinem kleinen Mann, wie er einer sei, wünsche er das Unglück, eine Million zu gewinnen, sagt Werner Bruni, der erste Lottokönig der Schweiz. Doch das Glück, zu gewinnen, scheint verlockender als das Glück, glücklich zu werden. Weit mehr Schweizer riskieren viel Geld, genau dem Unglück zuliebe, den ein Sechser auch mit sich bringen kann.

2,8 Milliarden Franken gaben die Spieler in der Schweiz 2009 für Lotterien und Wetten aus. 364 Franken pro Kopf der Bevölkerung. Auf diesem Niveau stagnieren die Zahlen seit ungefähr fünf Jahren. Jeder zweite Einwohner spielt mindestens einmal pro Jahr. Im Verlauf der letzten zehn Jahre hat sich die Einsatzsumme – auch infolge neuer Angebote – verdoppelt.

Millionen und Millionäre

Ob sich der Einsatz lohnt, ist mehr als fraglich, wenn man aus Erfahrung weiss, wie oft man bei der Ziehung leer ausgeht. Ein Lottoschein sichert einem kaum den Schein eines Gewinns. Die Gewinnchancen auf einen Lotto-Sechser betragen lediglich 1 zu 8 145 060, für einen kleinen Gewinn 1 zu 10. Trotzdem: Wer spielt, obwohl er weiss, mit wie wenig er rechnen kann, tut es für einen anderen Gewinn.

Nicht im finanziellen, sondern im emotionalen, immateriellen Bereich muss sich der gespielte Franken auszahlen. Welch ein Kribbeln im Bauch, wenn das Lesegerät im Kiosk die Zahlen verbucht, und welch schöne Stunden vor der Ziehung, wenn man sich in den kühnsten Träumen ausmalt, wie man auf den Putz hauen könnte in der kleinen, aber schönen Gewissheit, die Party werde vom Lottogewinn bezahlt. Und dann brauchts ja nicht unbedingt ein Sechser zu sein.

Schon ein bescheidener Dreier gibt dem Gewinner das Glück des Auserwählten zu spüren. Selbst mit einer Niete kauft man sich mehr als «Leider kein Gewinn». Ein Lottoschein bedeutet ein Stück Hoffnung in der Hand, nächstes Mal ein grösseres Stück Glück in Aussicht zu haben. Wenigstens einmal im Leben muss es das Schicksal ja auch mit meiner Wenigkeit gut meinen. Wer Lotto spielt, schläft ein mit dem guten Gefühl, morgen vom Glück auserwählt als Lottokönig aufzuwachen. Vielleicht. Werner Bruni ist schliesslich nicht alleine geblieben.

Seit Werner Bruni 1979 als Erster in der Schweiz mit dem grossen Zufall des einzig richtigen Sechsers ausgezeichnet wurde, sind über dreissig Jahre verflogen. Neun Jahre nach Einführung von Swisslotto und nur vier Wochen nach der Einführung der Formel 6 aus 42 mit Jackpot (bisher 6 aus 40) herrschte Lottokönig Bruni 31 Wochen lang alleine – und bis heute als einziger namentlich bekannter Schweizer.

König ist Werner Bruni noch immer, auf seine Weise, aber nur noch einer unter vielen. Allein im Jahr 2009 machte das Schweizer Zahlenlotto 29 Spielerinnen und Spieler zu Millionären. 2007 waren es sogar 31 gewesen. Alles in allem hat

Werner Bruni seine Würde seit seinem Gewinn im Jahr 1979 bis heute mit über 500 weiteren Schweizer Millionen-Lottokönigen zu teilen. Lottokönige sind wohl die einzigen Könige, die keinem andern die Krone wegnehmen müssen, um es selber zu werden.

Warum soll ich nicht der nächste sein? Und warum nicht auf zwei oder zehn Millionen hoffen? Die Gewinnsummen steigen und steigen. Allein im Jahr 2009 wurde für sechs Richtige viermal ein zweistelliger Millionengewinn erzielt. Wer will denn da noch behaupten, der Einsatz lohne sich nicht.

Wer kriegt am meisten?

Am besten erging es einem Spieler am 10. März 2010. Welch eine Sternstunde. Niemand bisher hatte hierzulande einen so schweren Tresor geknackt, und zwar, anders als irgendeine Panzerknackerbande, völlig legal. Nach vierzehn Ziehungen ohne Haupttreffer leerte er mit 16, 20, 31, 34, 41, 43 und Pluszahl 1 den Rekord-Jackpot von Swiss Lotto Plus. Über 35 Millionen Franken. Die Summe reicht, um in Geld zu schwimmen wie Dagobert Duck. 35 Millionen Fränkler füllen einen Pool – und sind doch nicht halb so viel, wie Credit-Suisse-Chef Brady Dougan im gleichen Jahr in der Lohntüte hatte. Aber viel ist noch nicht genug.

Wer seiner Spiellust freien Lauf lassen will, schaut über die Schweizer Grenzen hinaus und spielt bei Swisslos auf Euro-Millionen. Damit sind in neun europäischen Ländern noch weit grössere Gewinne als mit dem Schweizer Zahlenlotto zu holen. Erst sieben Schweizer hatten bisher die Ehre, Euro-Lottokönig zu werden. Und kein Schweizer hat je mehr gewonnen als der Spieler eines schönen Tages im April 2005. Fast 100 Millionen Franken für sieben zufällig richtig angekreuzte Zahlen – und grad einmal etwas mehr als halb so viel wie der absolute Euro-Lottokönig in Spanien, dem im Wonnemonat Mai 2009 über Nacht 191 Millionen Franken ins Haus geschneit kamen.

Millionstel-Chancen

Wie viele Millionen braucht der Mensch, um glücklich oder unglücklich zu werden? Gewiss, was immer es sei: Gewinnen ist schöner als verlieren. Deshalb wünschen wir jedem alles Glück dieser Welt, nicht zuletzt uns selber. Fragt sich nur, wie wir Meister Zufall ein Schnippchen schlagen oder die Glücksgötter für uns gewinnen, um unsere Gewinnchancen höherzuschrauben. Schwierige Frage, unangenehme Antwort. Unglücklicherweise gilt die Regel: Je höher der mögliche Gewinn, desto unwahrscheinlicher die Chance, dass man ihn allein holt. Das hat zwei Gründe.

Erstens: Über die Chance eines möglichen Gewinns entscheidet die Wahrscheinlichkeit, alle Zahlen richtig zu tippen. Im Schweizer Zahlenlotto mit seinem bevölkerungsmässig kleinen Einzugsgebiet ist die Chance relativ hoch und seit 1986 immer gleich: beim «gewöhnlichen» Spielmuster – 6 aus 45 – 1 zu rund 8 Millionen. Beim Spielmodus Swiss Lotto Plus, wie in der Sternstunde vom 10. März 2010, 1 zu 24 Millionen. Der Gewinner muss nicht nur sechs Richtige zwischen 1 und 45 tippen, sondern auch noch die richtige Pluszahl 1, 2 oder 3 ankreuzen. In bevölkerungsreicheren europäischen Ländern sieht es ungünstiger aus:

– Swiss Lotto (6 aus 45): 1 zu 8 145 060
– Swiss Lotto Plus (6 aus 45 plus 1 aus 3): 1 zu 24 435 180
– Euro Millions (5 aus 50 plus 2 aus 9): 1 zu 76 275 360
– Deutsches Lotto (6 aus 49 plus Superzahl):
1 zu 139 838 160
– Italienisches Super Enalotto (6 aus 90): 1 zu 622 000 000

Logisch, dass ein Gewinn bei 6 aus nur 45 Zahlen weniger unwahrscheinlich ist als bei den andern Varianten, und zwar in jeder Ziehung. Logisch auch, dass ein Gewinn im italienischen Super Enalotto 6 aus 90 sehr, sehr unwahrscheinlich ist. Die Chance, von 622 Millionen Möglichkeiten die einzig Richtige zu tippen, ist geringer als in allen anderen europäischen Lottovarianten. Sie ist so gering, dass im Jahre 2009 der italienische Jackpot fast sieben Monate ungeknackt blieb – und schliesslich dem erfolgreichen Tipper über 222 Millionen Franken einbrachte; einiges mehr, als der Rekord-Spanier im Eurolotto kurz zuvor gewonnen hatte.

Aber es gibt noch eine andere Rechnung. Sie führt zum zweiten Grund, warum höhere Gesamtgewinnsummen das Gewinnerglück nicht unbedingt zu erhöhen vermögen.

Weniger ist mehr

Zweitens ist Folgendes: Je seltener ein Hauptgewinn, umso voller der Jackpot. Und je voller der Jackpot, umso mehr Mitspieler reissen sich darum – und füllen ihn weiter, sodass die Gewinnsumme stets neue, noch astronomischere Höchstwerte erklimmt. Also los, denkt sich der Spieler, jetzt wird abgeräumt, jetzt wird auf Teufel komm raus ins Glück investiert.

Das Super Enalotto damals mit seinem Megajackpot zog

Spieler aus ganz Europa an, die dem Jackpot zusätzliche Gelder zuführten. Aber die hohen Summen locken auf trügerische Weise. Wer nur mit der Gewinnsumme rechnet, vergisst den Faktor Mensch: Je höher die Zahl der Spieler, desto höher wird das Risiko, diese Gewinnsumme mit anderen Spielern teilen zu müssen. Geteilte Freud sei doppelte Freud, heisst es im Volksmund. Im Lotto aber möchte jeder aus nachvollziehbarem Grund der Einzige sein.

Am Schweizer Sternstundentag des 10. März 2010 lockte der volle Jackpot allein in der Deutschschweiz rund 1000000 Spieler zum Tippen: rund viermal so viele wie in einer «normalen» Mittwochsziehung – mit dem entsprechenden Risiko, teilen zu müssen. Der Super-Enalotto-Gewinner hatte also gleich doppelt Schwein. Erstens, dass er richtig tippte, und zweitens, dass niemand anders ebenso richtig tippte.

Um die Spiellust wachzuhalten und weiter zu steigern, suchen die Lottogesellschaften die besten Formeln für ihre Märkte. Zwar bestimmen die Höchstgewinne das Geschäft, das Angebot der unteren Gewinnränge muss aber in einer respektablen Relation dazu stehen und auch attraktiv sein. Es geht darum, eine Formel zu wählen, die dem Jackpot Zeit lässt, sich zu füllen, aber auch in vernünftigen Abständen Gewinner generiert. Die Gewinnchancen in verschiedenen Ländern spiegeln die entsprechende Grösse des Marktes.

Gewiss, so wie die Entwicklung in der Branche läuft, werden alle Gewinn-Rekorde früher oder später gebrochen. Doch weil die Regel Nummer eins bei jedem Glücksspiel lautet: «Werde nicht gierig», begnügen sich abgeklärte alte Hasen besser mit geringeren Unwahrscheinlichkeiten. Die Chance, die Gewinnsumme ganz für sich allein einzuheimsen, liegt an Tagen mit einem leeren Jackpot und wenigen Mitspielern beim gewöhnlichen Swiss Lotto relativ hoch.

Wir fragen nochmals. Wie viele Millionen braucht der Mensch? Reichen nicht schon ein, zwei oder drei Millionen, um einen Gewinner allenfalls unglücklich zu machen?

Lotto ist auch eine Umverteilungsmaschine

Wer wagt, muss auch damit rechnen können, zu gewinnen. Und beim Lotto gibt es noch andere Gewinner. Denn die Spieler sind nicht die einzigen Nutzniesser ihres Vergnügens. Bei Swiss Lotto und Euro Millions wird ihnen nur die Hälfte der Spielsummen als Gewinn ausbezahlt. Der Rest fliesst anderswohin.

Als Umverteilungsmaschine wurde Lotto um 1500 in Genua erfunden – und schon damals nach dem italienischen Schlüssel 6 aus 90 gespielt. Eine Umverteilungsmaschine ist auch das Schweizer Zahlenlotto – das beliebteste und umsatzstärkste Angebot von Swisslos – bis heute geblieben.

Lotto lockt mit dem Glamour der grossen Gewinne, um einen beträchtlichen Teil der Einsätze zur Unterstützung gemeinnütziger Institutionen zu nutzen. Über 8000 Projekte in Kultur, Sport, Natur und Sozialem werden jährlich auf diese Weise von Swisslos begünstigt. Seit der Einführung des Schweizer Zahlenlottos 1970 sind ihnen rund fünf Milliarden Franken zugeflossen, knapp ein Drittel aller von den Spielern einbezahlten Beträge – ohne dass sie je einen Lottoschein auszufüllen brauchten. Der Rest der Spielsummen geht in Durchführungskosten und Detailhandelsprovisionen. Ein sarkastischer Ratgeber würde sagen: Um mit geringerem Risiko vom Lotto zu profitieren, gründen Sie am besten eine gemeinnützige Institution oder bewerben sich um eine Verkaufsstelle.

Oder anders gesagt: Wer gerne gemeinnützige Werke unterstützt, der ist mit Lotto nicht schlecht beraten. Denn verloren sind die verspielten Summen so oder so nicht. Die Kulturlandschaft unseres Landes wäre ohne Lotto um einiges ärmer.

Wie man die Gewinnchancen (nicht) erhöht

Weil man gerne für sich annimmt, der liebe Gott könne dem Zufall nachhelfen, sind ganze Legionen von Spielern damit beschäftigt, besonders günstige Zahlen für sich zu entdecken. Irgendwie muss man doch dem Geheimnis dieses lieben Gottes auf die Schliche kommen und die Erkenntnisse für die eigenen Zwecke ausnutzen. Die einen glauben an den Goodwill der Sterne und tippen auf die Geburtstagszahlen ihrer glücksbringenden Liebsten, andere spielen über Jahrzehnte die gleichen Reihen, die doch, solange man fest daran glaubt, zu einer vielleicht vorbestimmten Stunde ganz sicher einmal Glücksreihen werden müssen.

Es muss doch verborgene Gesetzmässigkeiten, mystische und magische Formeln zu entdecken geben, um die Kugeln zu eigenen Gunsten rollen zu lassen. Nach vierzig Jahren Schweizer Zahlenlotto zirkulieren tausend Theorien, welche besonderen Glückszahlen es seien, die bei der nächsten Ziehung für bessere Chancen als andere sorgen.

Aufgrund der zahlreichen Ziehungen seit 1970 lassen sich die Ergebnisse mit dem Computer nach den verschiedensten Kriterien auswerten. Manche Spieler sind überzeugt, aus Statistiken von häufig oder selten gezogenen Zahlen zu schliessen, dem Gewinn sei durch eine bestimmte Zahlenauswahl auf die Sprünge zu helfen. Zum Beispiel gut zu wissen, dass die Zahl 1 bis heute am häufigsten gezogen wurde und die Zahlen

8 und 36 bereits 51-mal gemeinsam auftraten. 15 und 35 hingegen erst 15-mal. Weiteres Beispiel: Die Zahl 37 wurde im Jahr 2006 64-mal hintereinander nicht gezogen. Die Zahl 32 hingegen im Jahr 2005 sechsmal hintereinander. Was aber schliessen wir daraus für nächsten Mittwoch und was für nächsten Sonntag? Gute Frage. Vielleicht brauchen wir zur Antwort weitere Parameter.

Die Lottosoftware «6 Richtige» setzt vergangene Gewinnzahlen in Relation zu einer Vielzahl astronomischer Daten: zum Beispiel zu den Sonne- und Mondbewegungen. So wissen wir, dass die Zahl 32 bereits 40-mal bei Neumond, aber erst 21-mal bei zunehmendem Viertelmond gezogen wurde (Zeitraum: Januar 1986 bis Januar 2010). Wir wissen auch, dass die Sonne bei der Ziehung der Zahl 17 bereits 35-mal im Sternzeichen der Jungfrau stand, aber erst 18-mal im Zeichen der Fische.

Gewiss lassen sich ähnliche Auffälligkeiten auch bei Föhn oder Ostwind herausdestillieren, je nachdem verschieden im Herbst oder Frühling. Doch was ist damit gewonnen? Zu Ihrer Enttäuschung: nichts. Rien. Niente. Nada. Nothing.

Dass die genau gleiche Zahlenreihe 2, 23, 25, 29, 30, 34, Zusatzzahl 7 bereits zweimal gezogen wurde: 2004 und 2008 – was heisst das? Dass sie bald ein drittes Mal kommt oder dass sie nun für sehr lange ausgedient hat? Wenn ja, wie bald oder für wie lange?

Alles Werweissen erweist sich alles in allem als vergebliche Liebesmüh. Wer glaubt, aus Zahlenrabulistik sein Glück zu schmieden, soll es versuchen. Was am längsten währt, ist die Hoffnung. Nüchtern mathematisch besehen, haben weder Sonne, Mond noch Sterne dem grossen Meister Zufall je ein Schnippchen geschlagen. Meister Zufall lässt die Kugeln rollen, wie er will. Morgen kann er jedem Trend ein Ende setzen, muss aber nicht. Verfallen Sie nicht dem Irrtum, der von Mathematikern als «Spielerfehlschluss» bezeichnet wird.

Der Spielerfehlschluss

Der Begriff bezeichnet einen Kurzschluss des logischen Denkens und fasst ein Bündel von Glaubenssätzen zusammen:

1. Ein Zufallsereignis werde wahrscheinlicher, weil es längere Zeit nicht eingetreten ist.
2. Ein Zufallsereignis werde unwahrscheinlicher, weil es längere Zeit nicht eingetreten ist.
3. Ein Zufallsereignis werde wahrscheinlicher, weil es eben schon einmal eingetreten ist.
4. Ein Zufallsereignis werde unwahrscheinlicher, weil es eben schon einmal eingetreten ist.

Der Spielerfehlschluss hat schon so viele Leichtgläubige zur Besessenheit getrieben, ihr Geld zu verjubeln und sich in den Bankrott zu stürzen, bevor sie es gewonnen hatten – sei es am Spieltisch, sei es im Lotto –, dass sich ein genaueres Hinschauen lohnt.

Zahlen haben kein Gedächtnis. Um dem Fehlschluss auf die Schliche zu kommen, werfen wir am besten eine Münze. Sie vereinfacht die 6 aus 45 Möglichkeiten des Schweizer Zahlenlottos auf ganze zwei Möglichkeiten und macht das logische Muster leichter erkennbar. Bei einer makellos geprägten Münze sind die Chancen für «Kopf» oder «Zahl» exakt 0,5 (die Hälfte). Die Chance auf zweimal Kopf hintereinander ist 0,5 x 0,5 = 0,25 (ein Viertel). Die Chance auf dreimal Kopf halbiert sich nochmals auf 0,5 x 0,5 x 0,5 = 0,125 (ein Achtel), usw.

So weit, so gut. Doch nehmen wir an, wir hätten soeben viermal hintereinander Kopf geworfen. Als Spieler könnten wir sagen, fünfmal Kopf entspricht noch einer Chance (Wahrscheinlichkeit) von 1 zu 32, also setzen wir auf Zahl. Aber so ist es nicht.

Die Wahrscheinlichkeit für Zahl bleibt bei jedem Wurf immer 0,5. Die Wahrscheinlichkeit für Kopf genauso 0,5. Nie mehr, nie weniger. Die Wahrscheinlichkeit 1 zu 32 (0,03125) für eine Serie von fünf Köpfen gilt nur, bevor man das erste Mal geworfen hat. Kopf und Zahl bewahren die gleiche Wahrscheinlichkeit, egal, wie oft wir die Münze werfen und was dabei herausgekommen ist. Die Münze hat kein Gedächtnis.

Der Spielerfehlschluss beruht auf der Annahme, dass eine vergangene Glücks- oder Pechsträhne die Zukunft auf irgendeine Weise beeinflussen könnte, etwa nach dem Prinzip Hoffnung: «Die Münze ist fair, also wird sie auf lange Sicht alles ausgleichen.» Irrational daran ist es, die «lange Sicht» an dem Punkt beginnen zu lassen, an dem der Spieler zu spielen begann. Dass sich Kopf und Zahl irgendwann aufheben und dass ein Spieler sein Startguthaben wieder erreicht, beträgt mathematisch gesehen zwar tatsächlich 1. Allerdings erst bei einem Erwartungswert von unendlichen notwendigen Würfen.

Erweitert auf die 45 Zahlen unseres Lottos heisst das: Jede Ziehung ist statistisch betrachtet unabhängig von den vorhergehenden. Genauso wie die Münze hat auch die Kugel im Mischgefäss der Lotto-Ziehungsmaschine kein Gedächtnis. Aus ihrer Geschichte lässt sich keine Handlungsempfehlung für die Zukunft ableiten. Um die sehr graue Theorie mit etwas Praxis zu begründen, folgen:

Drei Lehrbuchaufgaben und ein Mathematikerwitz

1. Gesetzt den Fall, in den letzten zwölf Ziehungen sind die Zahlen 9, 18, 39 und 32 je einmal gezogen worden, die Zahl 28 aber viermal: Was können Sie daraus für Ihren nächsten Tipp schliessen? (Antwort: nichts).
2. Wenn eine Münze 20-mal geworfen wurde und jedes Mal Kopf zeigt: Wie hoch ist die Wahrscheinlichkeit für Kopf beim nächsten Wurf? (Antwort: 0,5)
3. Ein Ehepaar hat bereits drei Töchter zur Welt gebracht. Wie hoch ist die Chance, dass das nächste Kind ein Sohn wird? (Antwort: 0,5 – jedenfalls ungefähr)

Und jetzt der Witz: Ein Mathematiker mit Flugangst hat auf jedem Flug eine Bombe im Handgepäck. Er sagt: «Die Wahrscheinlichkeit, dass eine Bombe im Flugzeug ist, ist zwar gering. Eine zweite Bombe an Bord hingegen ist so unwahrscheinlich, dass ich vor einem Attentat fast absolut sicher bin.»

Das Gesetz der grossen Zahlen

Zahlen haben kein Gedächtnis, haben wir gesagt. Und doch will das nicht so ganz mit unserem Gefühl übereinstimmen. Ein bisschen zu Recht. Der Spielerfehlschluss hat einen trügerischen Gehilfen, der den Spieler in seinem Irrtum bestärkt. Um ihn zu durchschauen, müssen wir noch einmal genauer hinschauen.

Meister Zufall, der wie Zahlen kein Gedächtnis hat, entwickelt nämlich mit der Zeit eine Art Langzeitgedächtnis, wenn auch ein unzuverlässiges. Der englische Philosoph David Humes (1711–1776) etwa meinte: 20-mal Zahl hintereinander spricht eher für eine gezinkte Münze als für eine faire Münze, deren nächster Wurf 50 zu 50 Kopf oder Zahl ergeben wird.

In der Stochastik, jener Disziplin der Wahrscheinlichkeitstheorie und Statistik, die sich auch mit der Berechnung der Wahrscheinlichkeit von Lottogewinnen beschäftigt, gibt es ein «Gesetz der grossen Zahlen». Es besagt, banal ausgedrückt, dass sich die relative Häufigkeit eines Zufallsergebnisses in der Regel der Wahrscheinlichkeit dieses Zufallsergebnisses annähert, wenn das zugrunde liegende Zufallsexperiment immer wieder durchgeführt wird.

Weil sich der gesunde Menschenverstand in Fragen des Glücks und der Unvorstellbarkeit sehr grosser Zahlen leicht zur Unvernunft hinreissen lässt, greifen wir zur Erklärung der komplexen Rechnung im Lotto wieder nach einer Münze. Die Wahrscheinlichkeit, dass sie beim ersten Wurf Kopf zeigt, beträgt nach wie vor 0,5.

Angenommen, eine Serie von Münzwürfen beginnt mit Kopf, Zahl, Kopf, Kopf. Kopf wurde dreimal geworfen, Zahl einmal. Kopf hat gewissermassen einen Vorsprung von zwei Würfen. Nach diesen vier Würfen ist die relative Häufigkeit von Kopf 0,75, die von Zahl 0,25. Nach 96 weiteren Würfen stellt sich ein Verhältnis von 49 Zahl zu 51 Kopf ein. Der Vorsprung von Kopf ist also nach hundert Würfen genauso gross wie nach vier Würfen, jedoch hat sich der relative Abstand von Kopf und Zahl stark verringert. Und das ist denn die Aussage des Gesetzes der grossen Zahlen: Bei häufiger Wiederholung verringert sich der Unterschied der relativen Häufigkeit von Kopf zum Erwartungswert von Kopf. Wenn das in einer real gespielten Zahlenreihe nicht der Fall ist, verlieren manche Roulette- und Lottospieler darüber ihren Kopf. Sie gewinnen zu Unrecht die Überzeugung, eine «säumige» Zahl müsse aufholen, um wieder der statistischen Gleichverteilung zu entsprechen.

Dem Gesetz der grossen Zahlen verdanken vor allem Versicherungen ihren Gewinn. Je grösser die Zahl der versicherten Personen, Güter und Sachwerte, denen gewisse Risiken drohen, desto geringer ist der Einfluss des Zufalls – und desto zuverlässiger berechenbar wird die zu erwartende Gesamtschadensumme aller Versicherten.

Bilden Versicherungen – vereinfacht gesagt – grosse Gemeinschaften, um zusammen für die wenigen Schadenfälle der Betroffenen aufzukommen, handelt es sich beim Lotto um die Umkehr dieses Prinzips. Viele Spieler legen zusammen, um wenige Grossgewinner zu küren. Lotterien operieren nicht mit der Wahrscheinlichkeitsrechnung, sondern mit einem Gewinnplan, bei dem bei jeder Ziehung ein fixer Anteil für die Lotteriegesellschaft vorgesehen ist.

Bei der grossen Zahl von Spielerinnen und Spielern wird sich die Zahl der Gewinner im Lauf der Zeit der Gewinnwahrscheinlichkeit annähern, und alle spielbaren Zahlen treten mit ähnlicher Häufigkeit als Gewinnzahlen auf. Doch kein Gesetz und schon gar kein Mensch kann voraussagen, welcher Versicherte oder welcher Mitspieler je zu den Nutzniessern zählt – oder ob Meister Zufall ausgerechnet gar mir die sechs Zahlen zuspielt, die mich zum Lottokönig krönen. Zuverlässiger dürfen dafür die begünstigten Institutionen in Kultur, Sport, Natur und Sozialem mit Schecks von Swisslos rechnen.

Systemlotto

Wie Versicherungen können auch Systemlotto-Firmen, wie sie in Deutschland und Österreich bekannt sind, das Gesetz der grossen Zahlen für sich spielen lassen – und ihren Kunden hohe Gewinne versprechen. Diese Systemlotto-Firmen dienen aber, anders als sie vorgeben, nicht ihren Kunden, sondern vor allem sich selber. Logisch: Wenn sie wirklich mehr Geld herausholen könnten, als die Spieler hineinstecken, würden sie diese Gewinne kaum an andere Leute verteilen, sondern selber einstecken.

Es mag zwar grosso modo richtig sein, dass für beispielsweise 10 000 Systemlottospieler bei rund jeder zweiten Ziehung ein Vierer herausspringt oder bei jeder neunzehnten Ziehung ein Fünfer. Allerdings ist der Gewinn dann auch mit 10 000 andern zu teilen. Selbst das seltene Ereignis eines geknackten Jackpots mit angenommenen zehn Millionen Franken brächte so lediglich rund tausend Franken pro Kunde. Und wie die Lottogesellschaft verdient auch eine Systemlotto-Firma bei jeder Ziehung, unabhängig davon, ob ihre Kunden gewinnen oder verlieren. In der Regel sind das zwischen dreissig und vierzig Prozent. Und nun, nach all dem, was Sie wissen, endlich die Gretchenfrage:

Gibt es den todsicheren Tipp?

Die überraschende Antwort lautet: Ja. Es gibt einen Königsweg auf den Königsthron der sechs Richtigen. Ja, es gibt mehr als die Hoffnung. Es gibt die Gewissheit. Das Gesetz der grossen Zahlen kann auch Ihr Schicksal bestimmen und Sie zum grossen Glück führen. Doch ob Sie das wirklich wollen? Der sichere Königsweg kommt Sie teuer zu stehen.

Für den sicheren Tipp haben Sie systematisch alle 8 145 060 Möglichkeiten des Schweizer Zahlenlottos zu tippen. Dafür müssen Sie 581 790 Lottozettel ausfüllen. So werden sie garantiert abräumen! Nicht nur den Hauptgewinn, sondern auch 182 780 Dreier, 11 115 Vierer und 234 Fünfer. Doch nun kommt der Haken. Das kann sich zwar auszahlen – aber nur, wenn weit über zwanzig Millionen im Jackpot liegen, und auch dann wahrscheinlich nicht. Denn jeden richtigen Tipp müssen Sie mit Ihren möglichen Mitgewinnern teilen. Und die sind erfahrungsgemäss umso zahlreicher, je mehr Geld im Jackpot liegt.

Es tut uns leid. Und allen Wahrscheinlichkeitstheoretikern auch. Die entsprechenden mathematischen Gesetze sind noch immer nicht entdeckt. Das haben bis heute weder Einstein noch ein Tausendundeinstein geschafft. Die Wahrscheinlichkeit und Meister Zufall lassen sich nicht so leicht dingfest machen. Aber die Mitspieler.

Wie Sie Ihre Gewinnsummen steigern

Anders als die Wahrscheinlichkeit eines Gewinns ist die Höhe einer allfälligen Gewinnsumme sehr wohl steuerbar: Die Zahlen werden zwar zufällig gezogen, nicht aber zufällig angekreuzt.

Eine Untersuchung der eingegangenen Tippreihen eines beliebigen Wochenendes in der Schweiz hat gezeigt, dass dem Tippverhalten vieler Spielerinnen und Spieler allgemeine Verhaltensmuster zugrunde liegen. Die Kombination 1, 2, 3, 4, 5, 6 beispielsweise wird in der Schweiz pro Ziehung mehrere hundert Mal getippt. Falls sie gezogen wird, bleibt für die einzelnen Spieler mit einem Sechser nicht mehr viel übrig. Reales Beispiel gefällig? Im deutschen Zahlenlotto mit seinen hohen Gewinnsummen hatten 1999 rund 38 000 Tipper mit genau dieser Zahlenreihe einen Fünfer erzielt – und mussten sich mit 200 Euro begnügen.

Um den Erwartungswert Ihrer Gewinne zu steigern, haben Sie keine andere Wahl, als Ihren Mitspielern auf die Finger zu schauen. Klicken Sie anders, tippen Sie anders. Wählen Sie möglichst beliebige, unregelmässige Zahlenfolgen, um sich Mitgewinner vom Leibe zu halten. Swisslos gibt den Spielern fünf goldene Regeln mit auf den Weg.

Tipp-Tipps

1. Kreuzen Sie keine horizontalen, vertikalen oder diagonalen Blöcke an. Auch auf ihre Kombination (z.B. drei horizontal und drei vertikal) sollte man verzichten.
2. Meiden Sie arithmetische Zahlenreihen (z.B. 9, 18, 27, 36, 45 oder 7, 14, 21, 28, 35, 42). Bedenken Sie, dass bei der grossen Zahl von Mitspielern auch originellere Muster mehrfach auftreten können.
3. Wählen Sie die Zahlen aus, ohne auf den Spielschein zu schauen, und verzichten Sie auf Linien, Treppchen, Kästchen oder andere Regelmässigkeiten. Vermeiden Sie auch alle sonstigen «Bilder» wie etwa Buchstaben, Symbole oder alle vier Eckpunkte im Zahlenblock.
4. Betrachten Sie Zufall als eine relative Grösse! Seien Sie kritisch bei der Verwendung von Soft- und Shareware-Programmen. Sie generieren Zufallszahlen per Mausklick, doch wie zufällig sie sind, hängt von der Qualität des verwendeten Algorithmus ab. Und je mehr der gleichen Lizenzen im Umlauf sind, umso eher haben Sie mögliche Gewinne zu teilen.
5. Finger weg von Geburts- und anderen Erinnerungstagen. Rund ums Jahr gibt es nur 365 davon – aber zahllose Mitspieler, die damit ihr Glück versuchen. Das heisst, die Monatszahlen 1 bis 12 und die Tageszahlen 1 bis 31 werden besonders häufig getippt. Wer als König alleine herrschen will, kreuzt auch Zahlen von 32 bis 45 an.

Den Fiskus aussteuern

Wie viel Sie auch gewinnen, Sie werden nie die ganze Summe bekommen. Schicksal. Nehmen Sie es leicht. Sie können es nicht ändern. Nicht nur die Lottogesellschaft behält einen Teil des Spielgelds für ihre gemeinnützigen Zwecke. Auch der Fiskus holt sich seinen Teil.

Lottogewinn wird vom Staat als Arbeit betrachtet und als Einkommen besteuert. 35 Prozent davon überweist die Lottogesellschaft direkt an die eidgenössische Steuerverwaltung. Wer sein «Einkommen» deklariert, bekommt zurück, was ihm allenfalls zu viel abgezogen wurde. Wie viel das ist, unterscheidet sich von Kanton zu Kanton.

Der Schweizer König der Könige, der vom Schweizer Zahlenlotto über 35 Millionen Franken abholte, könnte umziehen. Zum Beispiel nach Wollerau, Kanton Schwyz, am Zürichsee. Wie andere Grossverdiener auch wäre er dort am besten aufgehoben und käme mit Steuern von nur rund sieben Millionen Franken davon. Wollerau, das Profi-Lottospieler-Paradies…

Wer nicht gewinnt, spart Steuern und findet milden Trost: Ein Lottogewinn macht in der Regel nur kurzfristig glücklich. Nach einem Jährchen oder so stellt sich ein, was Psychologen «Erfüllungsmelancholie» nennen. Jeder, der mal auch nur einen Vierer oder Fünfer gewinnt, bekommt wie unser Lottokönig Werner Bruni den Neid und das Gejammer seiner Freunde zu hören: «Du Glücklicher, Glück haben immer die andern, nie ich.»

Da gibt es nur eine einzige richtige Antwort: «Ja hast du bei der letzten Ziehung gespielt? Hast du überhaupt je gespielt?»

Wer wagt, gewinnt, auch wenn es nur sechs Franken für drei Richtige sind – plus die Hoffnung auf den grossen Coup bei der nächsten Ziehung. So schlimm wäre der schliesslich auch wieder nicht – behauptet eine Untersuchung der Universität Nottingham: Danach sollen Lotto-Millionäre bei richtigem Verhalten langfristig deutlich zufriedener sein als Durchschnittsbürger. Und das nicht, weil man sich dank den Millionen allen möglichen Luxus leisten kann, sondern weil einem der Gewinn eine gewisse Sicherheit und die kleinen Freuden des Alltags ohne schlechtes Gewissen schenkt. Sei es, wie es ist, auch wer sich aufs Nietenziehen spezialisiert, darf zufrieden sein. Die Schweizer Kultur- und Sport-Institutionen, die wir glücklichen Verlierer sponsern, schenken uns ja auch hie und da einige Freuden des Alltags.

Dass ein Lottokönig ein zweites Mal gewinnt, wer weiss, sogar mit den gleichen Zahlen, ist zwar unwahrscheinlich, aber möglich. Das ist dann schon so ein unwahrscheinlicher Zufall, dass es fast nicht mehr nur Zufall sein kann. Womit wir den Spielerfehlschluss wieder mit anderen Augen betrachten.

Ach ja, bei Swisslos liegt noch ein Sechser auf dem Konto. Uneingelöst seit 2005. Ich wette, es ist mein Geld. Wenn ich den Zettel wiederfinde, fliesst der Champagner: Sei es zum Trost, mein Glück verbummelt zu haben – oder sei es zur Feier, wie Hans im Glück die Millionenlast so leicht wieder losgeworden zu sein. Nach sechs Monaten sind nicht eingelöste Lottoscheine verfallen.

Markus Maeder

Weitere Lottotipps finden Sie dort, wo wir unsere Angaben für diese Lottologie herhaben:

www.swisslos.ch
de.wikipedia.org/wiki/Spielerfehlschluss
www.6richtige.ch
Hans Riedwyl: «Zahlenlotto. Wie man mehr gewinnt». Haupt Verlag (vergriffen)

Herzliche Gratulation zum grossen Gewinn

Ein Gespräch mit Willy Mesmer, Mediensprecher von Swisslos – und ein paar Ratschläge für den Umgang mit Geld, das Ihnen aus heiterem Himmel zufällt.

Markus Maeder: Ob Sie es glauben oder nicht – wissen können Sie es noch gar nicht –, gestern habe ich die Zahlen verglichen und gesehen, dass ich einen Sechser getippt habe. Aus Begeisterung habe ich das gerade meiner Liebsten und allen meinen Freunden und Bekannten erzählt, die mir über den Weg liefen.

Willy Mesmer: Ob ichs glauben soll? Wenn es stimmt, gratuliere ich Ihnen und tadle Sie für eine grosse Dummheit. Sie haben das Kind mit dem Bad ausgeschüttet. Behalten Sie den Kreis der Mitwisser so klein wie möglich – und lassen Sie sich Zeit. Überstürzen Sie nichts. Arbeiten Sie weiter, als wäre nichts geschehen, und sagen Sie niemandem nichts. Sicher nicht Ihrem Chef und Ihren Kollegen, aber auch nicht der Frau am Kiosk oder dem Briefträger.

Was kann ich sonst noch alles falsch machen?

Es ist nicht schwierig, ein Vermögen zu verdummen. Viel Geld zu gewinnen, ist fast einfacher, als es zusammenzuhalten und zu vermehren. Darum unterstützt Sie Swisslos gern bei Ihren ersten Schritten. Die erste Dummheit, die Sie bereits begangen haben, können wir nicht verhindern. Wir kennen die Namen der Gewinner in der Regel nicht. Bis Sie sich mit Ihrem Gewinnzettel bei Swisslos melden, sind Sie mit Ihrem Wissen über den grossen Gewinn allein.

Wie gehe ich denn vor?

Rufen Sie Swisslos an und machen Sie Ihren Anspruch glaubhaft geltend. Ihre Quittung ist der Anspruchsbeleg. Am besten kommen Sie damit persönlich in Basel vorbei. Wenn Sie Ihre Quittung verlieren oder Ihre Hose mitsamt der Quittung in die Waschmaschine geht, verlieren Sie Ihren Anspruch. Sobald wir Ihre Quittung haben, rufe ich Sie – falls Sie nicht persönlich vorbeikommen – an. Auf Wunsch besuche ich Sie gerne zu Hause.

Damit ich erfahre, was man mit einer Million am besten macht?

Wenn Sie nach Anlagetipps fragen oder eine bestimmte Bank empfohlen haben möchten, müssen wir passen. Swisslos kann aus naheliegenden Gründen keine Verantwortung übernehmen: für kein Finanzinstitut und für keinen Berater.

Was raten Sie denn?

Zu Geduld und Vorsicht. Lassen Sie Ihr Geld erst einmal auf Ihrer Hausbank, zu der wir es auf Ihren Wunsch überweisen – und beraten Sie sich mit Ihren allerengsten Vertrauten. Ausschliesslich mit ihnen. Viele können das nicht sein, sonst sind es nicht mehr die allerengsten. Und lassen Sie sich von keiner Bank und keinem Berater zu Unvernünftigkeiten überreden. Grosse Versprechen, grosse Verluste. Geben Sie sich lieber mit kleinen Renditen zufrieden.

Haben Sie ein Beispiel für einen Mustergewinner?

Vor einiger Zeit rief ein Mann an, er habe 54 Euro-Millionen gewonnen. So war es. Er belegte den Anspruch mit seiner Quittung. Ich fragte, wohin wir das Geld überweisen sollten. Er sagte: «Behalten Sie es vorerst bei sich.»

Ich machte ihn auf den Zinsverlust aufmerksam. Bei zwei Prozent ist das über eine Million Euro im Jahr. Er meinte: «Das ist mir egal», und fügte dann an: «Sie brauchen nicht zu erschrecken. Sie hören jetzt drei Monate nichts mehr von mir. Ich fahre jeden Morgen zur Arbeit und lebe weiter, als wäre nichts geschehen.» Ich glaubte, ich höre nicht recht. «Ja», sagte der Mann, «meine Frau und ich müssen uns erst mal sammeln, wir wollen die Ideen reifen lassen.» «Prima», sagte ich, «etwas Vernünftigeres können Sie gar nicht tun.»

Nach genau drei Monaten rief er mich wieder an. Er sagte: «Wir haben uns entschieden, überweisen Sie unser Geld da und da hin.»

Was macht er jetzt?

Zusammen mit seiner Frau privatisiert er an einem Ort, der ihm gefällt. Weit weg von der Schweiz.

Können Sie das empfehlen? So mir nichts, dir nichts ein neues Leben anzufangen?

Wir raten niemandem zu einem bestimmten Lebensentwurf. Wir empfehlen, dass jeder seine ganz individuelle Wahl treffen soll. Auch im Lottoglück bleibt jeder seines Glückes Schmied. Mit dem 54-Millionen-Mann bin ich bis heute in losem Kontakt. Er geht mit seinem Reichtum behutsam um und wirkt zufrieden. Mehr kann ich nicht sagen.

Bringen Sie mich auf ein paar weitere schöne Ideen.

Da gibt es eine ganze Menge: das Eigenheim renovieren, Hypotheken tilgen, eine Ferienwohnung kaufen. Vielleicht möchten Sie sich weiterbilden, sich selbständig machen oder sich vorzeitig pensionieren lassen. Oder aber Sie möchten der Familie oder Freunden etwas schenken, eventuell sogar einer gemeinnützigen Organisation etwas überweisen.

Bei Börsengewinnen wird geraten, ein Viertel bis zu einem Drittel zu realisieren und sich damit etwas zu gönnen. Eine Reise, ein Auto, ein Kunstwerk, ein Haus. Je nachdem. Wie sehen Sie das bei einem Lottogewinn?

Das hängt auch von Ihrer Lebensphase ab. Unsere Spielerinnen und Spieler befinden sich im Alter zwischen zwanzig und bis über achtzig. Es gibt Gewinner, die sind schon älter. Diesen kann man eher empfehlen, mindestens einen Teil ihres Gewinns bedenkenlos und von Herzen zu geniessen. Beispiel gefällig?

Ein aktuelles?

Kein Jahr ist es her. Ich rief eine Gewinnerin an, die soeben einen satten siebenstelligen Betrag gewonnen hatte. Es war ihr nicht sofort klar, dass ich von Swisslos bin. Freimütig erzählte sie mir von ihrem Glück. Seit drei Tagen lebe sie in einem Traum, der gleich Wirklichkeit werde. Sie komme gerade vom Möbelkaufen zurück. Wohnzimmer, Schlafzimmer, Bademöbel, Küchenmöbel. Gestern habe sie kurz entschlossen eine Dreizimmerwohnung gemietet, um mit einem Mann zusammenzuwohnen. Sie sei schon 79 und lebe seit einiger Zeit im Altersheim. Nun wolle sie wieder raus, zurück ins Leben. – Recht hat sie. Worauf soll sie noch sparen?

Ich frage Sie!

Geniessen soll sie. Jeden Tag. – Allen, die mehr wissen möchten, gibt Swisslos einen kleinen Ratgeber mit auf dem Weg. Die Empfehlungen gelten nicht nur, wenn das Lottoglück den Lebensstandard verbessert. Sie könnten ja auch eine Erbschaft machen oder auf der Rennbahn aufs richtige Pferd setzen.

Beides ist mir noch nie passiert …

… aber wenn es passiert, nutzen Sie die Gunst der Stunde – und planen Sie die nächsten Schritte behutsam, ruhig und besonnen. Sie haben alle Zeit der Welt. Auf Ihrem Konto ist der Gewinn sicher aufgehoben und trägt vom ersten Tag an Zins …

… und niemand kann mir etwas nehmen.

Das ist so. Je höher der Gewinn, desto grösser die Zahl der Personen aus Ihrem nahen und weiteren Umfeld, die sich von

Ihrem Glück ein Stück abschneiden möchten. Die Begehrlichkeiten steigen parallel zur Gewinnhöhe. Darum betone ich nochmals: Reden ist Silber, Schweigen ist Gold.

Wie schütze ich mich vor den Medien, die damals hinter dem ersten Lottomillionär Werner Bruni her waren, als könnte er mit seiner Million das ganze Gold der Nationalbank aufkaufen?

Schweigen Sie, und bleiben Sie anonym, aber bleiben Sie gelassen. Da droht heute weniger Ungemach. Zu Werner Brunis Zeiten war eine Million eine Sensation und einiges mehr wert als heute. Die jüngsten Grossgewinner mit ihren Dutzenden von Millionen gaben noch ein paar Meldungen her, aber keine Schlagzeilen mehr auf den Titelseiten der Boulevardpresse.

Ich kann also meine Wünsche in aller Ruhe im stillen Kämmerlein ausreifen lassen.

Jawohl, tun Sie das, und tragen Sie auch die ausgefallensten auf ihrer schriftlichen Wunschliste ein. Wählen Sie die Top Ten aus, und überschlafen Sie die Liste mehrmals. Treffen Sie die nötigen Abklärungen, und ziehen Sie Fachleute bei, denen Sie vertrauen. Hinterfragen Sie auch deren Ratschläge, und holen Sie Zweitmeinungen ein.

Und zuallerletzt und vor allem: Treffen Sie den Entscheid selber. Hören Sie bei aller Systematik und Planung auf Kopf und Herz. Und nicht zuletzt auch auf Ihre innere Stimme. Der Gewinn hat zwar Ihre Vermögenssituation verändert, nicht aber Sie als Person und nicht Ihre Umgebung.

Um bloss nichts zu vergessen, gebe ich Ihnen sieben Gebote mit auf den Weg. Nach über einem Vierteljahrhundert bei Swisslos kann ich sie auswendig:

1. Bleiben Sie sich und Ihren Werten treu.
2. Erfüllen Sie sich Wünsche, die Ihnen und Ihrer Art entsprechen.
3. Versuchen Sie nicht zu ändern, was in Ihrem Leben gut geht.
4. Denken Sie längerfristig, und nutzen Sie diesen Glücksfall, um Ihre finanzielle Sicherheit und damit Ihre Gemütsruhe nachhaltig zu vergrössern.
5. Pflegen Sie Ihre bisherigen Beziehungen und Freundschaften weiterhin; diese sind wichtiger als materielle Dinge.
6. Ein Ausbrechen aus Ihrem aktuellen Leben – so verlockend dies auf den ersten Blick erscheint – muss gut überlegt sein.
7. Geniessen Sie Ihren Gewinn und das, was Sie sich damit leisten können.

Nachwort

Romanciers haben von Berufes wegen der Überzeugung zu sein, ihre Fiktion sei wahrhaftiger als ein Tatsachenbericht. Ihre Erzählungen bündeln ihre Erfahrung und Erkenntnis wie ein Brennglas auf einen glühend hellen Punkt. Doch wenn das nur ihre Fiktion wäre, um ihrer Erfindung von Menschen, Orten und Geschichten Bedeutung zu geben? Könnte ja sein, dachte ich, als ich die feinen Druckbuchstaben von Werner Brunis knapp fünfzigseitiger Handschrift «Meine Lebensabschnitte» zum ersten Mal las. Ich dachte es dann gleich nochmals im Gespräch mit Werner Bruni in «seinem» Wönigli in Spiez, das ihm nicht gehört.

Da sassen wir, zwischen gerichtlich halbiertem Doppelbett und ebenso halbierter Wohnwand, umrahmt von einem vergilbten Foto, das einen Rekruten, und einem andern Foto, das den Bau eines Druckleitungsstollens quer durch eine alpine Geröllhalde zeigt. Ich liess mein Tonband schnurren und fragte, um das Leben des Berner Oberländer Sanitärinstallateurs auf die Reihe zu bringen. Werner hörte hin, senkte den Kopf und richtete den Blick nachdenkend nach innen. Frage um Frage, Abschnitt um Abschnitt, Jahr für Jahr drangen wir tiefer in die Erinnerung vor. Die Sätze kamen Zeile für Zeile mit leiser, modulierter Stimme und dem Gewicht von Bleisatz aus der Tiefe. Dann wieder Pause. Nächste Frage.

Wieder zu Hause, hätte ich gerne meinen Senf dazugegeben: hier die Farbe eines Kleids ergänzt, dort eine Szene mit Wettergeschehen dramatisiert oder mit einem Zucken im Mundwinkel Emotionen sichtbar gemacht. Aber wozu denn? Werner Brunis Geschichte duldet weder Auslassung noch Ergänzung oder Vertiefung. Im Text, so wie er hier steht, ist «nothing added and nothing taken away», wie es auf amerikanischen Naturprodukten heisst. So kurz und bündig haben die Brüder Grimm ihre Märchen erzählt. Sie sind Fiktion, wie wir wissen, aber wahrhaftiger in der Tat als mancher Tatsachenbericht.

Bei Werner Bruni ist das umgekehrt. Seine Tatsachen reichen aus, um Fiktion als blutleeres Werk ihres Schöpfers verblassen zu lassen. Die Erinnerungen an ein gelebtes Leben liessen mich in eine Welt eintauchen, die mir ebenso fremd wie auch vertraut vorkam und die sich jeder in Gedanken ausmalen kann, um darin sein Stück Wahrheit zu finden.

Da ist nicht mehr als ein Leben, das so und nicht anders verlaufen ist und gerade deswegen für hunderttausend ganz andere steht. Wenn bloss Meister Zufall mit diesen fatalen Zahlen nicht gewesen wäre. 11, 40, 29, 2, 33, 15. Zusatzzahl 31. Der Lottogewinn schleuderte unseren Helden hinaus ins Licht der Öffentlichkeit, eines Tages im April, über dreissig Jahre ists her, und überliess ihn seinem Geschick. Mir hat die Mischtrommel der Lottozahlenziehungsmaschine das Glück gebracht, diesen Sommer einen Menschen kennen zu lernen, wie mir noch keiner zuvor begegnet ist. Dafür, lieber Werner, danke ich Dir.

Markus Maeder

Glossar

Äcke
Nacken

blasten
sich ausruhen

Chempe
Steinbrocken

ferggen
mühsam tragen, schleppen; von fertigen

Gäder
von Geäder; Flechsen, Sehnen im Fleisch; «uf ds Gäder ga»: auf die Nerven gehen

Ghüder
Abfall

Heliee
Inbegriff für ein Volksgericht (nach einem Gebäude im antiken Athen)

Holzböden
hölzerne Arbeitssandalen

Holzwürzen
hölzerne Wurzelgestalt

Hudilumper
Altwarenhändler, Charakterlump

Hutte
Rückentragkorb

Kippbänne
einrädriger Schubkarren, Garette

Leist
Lehrer

Peier-Esel
Schimpfwort für einen grobschlächtigen Menschen (schwitzen, schreien, krampfen wie ein Peier-Esel; abgeleitet vom Freistaat Bayern, in dem man grobschlächtige Kräfte wirken sah)

Pleger
abgemagertes, elendes Stück Vieh; sittlich anrüchiger Mensch; Verstärkungswort wie cheibe, huere, tonner

Plegerchlobe
sehr klobiger Klotz

prästieren
durchhalten

Schleudergabel
Steinschleuder

Schwoscht
Schwester

Tätel
Soldat, herablassend

Trole
Walze

Veilchen
Bluterguss am Auge

Wäntele
Wanze, Flasche, Flachmann

Wedele
Reisigbündel